BEI GRIN MACHT SICH
WISSEN BEZAHLT

- Wir veröffentlichen Ihre Hausarbeit,
  Bachelor- und Masterarbeit

- Ihr eigenes eBook und Buch -
  weltweit in allen wichtigen Shops

- Verdienen Sie an jedem Verkauf

Jetzt bei www.GRIN.com hochladen
und kostenlos publizieren

Bibliografische Information der Deutschen Nationalbibliothek:

Die Deutsche Bibliothek verzeichnet diese Publikation in der Deutschen National-bibliografie; detaillierte bibliografische Daten sind im Internet über http://dnb.d-nb.de/ abrufbar.

Dieses Werk sowie alle darin enthaltenen einzelnen Beiträge und Abbildungen sind urheberrechtlich geschützt. Jede Verwertung, die nicht ausdrücklich vom Urheberrechtsschutz zugelassen ist, bedarf der vorherigen Zustimmung des Verlages. Das gilt insbesondere für Vervielfältigungen, Bearbeitungen, Übersetzungen, Mikroverfilmungen, Auswertungen durch Datenbanken und für die Einspeicherung und Verarbeitung in elektronische Systeme. Alle Rechte, auch die des auszugsweisen Nachdrucks, der fotomechanischen Wiedergabe (einschließlich Mikrokopie) sowie der Auswertung durch Datenbanken oder ähnliche Einrichtungen, vorbehalten.

Impressum:

Copyright © 2016 GRIN Verlag, Open Publishing GmbH
Druck und Bindung: Books on Demand GmbH, Norderstedt Germany
ISBN: 9783668324480

Dieses Buch bei GRIN:

http://www.grin.com/de/e-book/342547/hundegestuetzte-paedagogik-interventionsmoeglichkeiten-bei-kindern-und

Tina Drohne

Hundegestützte Pädagogik. Interventionsmöglichkeiten bei Kindern und Jugendlichen mit Verhaltens- und Erlebensstörungen

GRIN Verlag

GRIN - Your knowledge has value

Der GRIN Verlag publiziert seit 1998 wissenschaftliche Arbeiten von Studenten, Hochschullehrern und anderen Akademikern als eBook und gedrucktes Buch. Die Verlagswebsite www.grin.com ist die ideale Plattform zur Veröffentlichung von Hausarbeiten, Abschlussarbeiten, wissenschaftlichen Aufsätzen, Dissertationen und Fachbüchern.

Besuchen Sie uns im Internet:

http://www.grin.com/

http://www.facebook.com/grincom

http://www.twitter.com/grin_com

Universität Bielefeld

Fakultät für Erziehungswissenschaft

Sommersemester 2016

Hundegestützte Pädagogik –

Interventionsmöglichkeiten bei Kindern und Jugendlichen mit Verhaltens- und Erlebensstörungen

Name: Tina Drohne

Studiengang: Bachelor of Arts Erziehungswissenschaft (KF)/Soziologie (NF)

Abgabetermin: 18.08.2016

Inhalt

1. Einleitung

Tiere spielen eine große Rolle im menschlichen Leben. Das folgende Zitat beschreibt mit pathetischen Worten, wie die zwischenartliche Beziehung zwischen Mensch und Tier gegenwärtig strukturiert ist:

> „Unter immer lebensferneren Bedingungen werden Fleisch und Milch fabrikmäßig von hoch gezüchteten, ansonsten aber lebensuntauglichen Tieren erzeugt. Eier rollen vom Fließband. In den Wohnungen aber nehmen Menge und Vielfalt der ‚Heimtiere' zu. Sie dienen als Ersatz für Natur und Mangel an menschlicher Gesellschaft. In den hoch ‚entwickelten' Staaten wird bereits mehr Geld für Tiernahrung im Heim- und Haustierbereich […] ausgegeben als für Babynahrung. Exotische Tiere in Terrarien, Aquarien oder Käfigen geraten zum […] exotischen Kontrast zu der […] Massentierhaltung, die jenes Billigfleisch produziert, das als Schnäppchen im Supermarkt gejagt wird. Das Massentier ist ‚ent-tierlicht' worden; es hat seine *anima* verloren. Die beiden tragenden Säulen der menschlich-menschenwürdigen Beziehung zum Tier, die Wertschätzung als Beute und die Empathie, das Mitgefühl aus der gemeinsamen Vergangenheit, sind verlorengegangen. Es zählt nur noch der ‚Ertrag', den die Produktionssache Tier leistet" (s. Reichholf 2009, S. 24; Hervorh. im Orig.).

Interessant dabei ist, dass das lateinische Wort für Tiere, ‚animalia', in der Übersetzung ‚die Beseelten' bedeutet (vgl. ders., S. 22). Dies entspricht der Wahrnehmung von gängigen und vertrauten Haus- und Heimtieren, aber nicht mehr der von Nutztieren. Dennoch gibt es eine weitere Dimension von Mensch-Tier-Beziehungen, die hier vor- und deren Nutzen dargestellt werden soll: die Mensch-Tier-Beziehung in pädagogischen Settings.

Nach einer Untersuchung von Guttmann, Predovic und Zemanek von 1983 erfassen Kinder, die mit einem Tier aufgewachsen sind, die nonverbal ausgedrückte emotionale Befindlichkeit ihres Gegenübers besser, als Kinder, die ohne Tier aufwuchsen (vgl. S. 62ff.). Nach einer Studie von Ascione ein Jahrzehnt später ist Tierquälerei schon im frühen Kindesalter eines der ersten Anzeichen für gravierende Verhaltensprobleme, sowie für eine Fülle daraus resultierender psychologischer Probleme. Hierzu zählen bspw. schlechte Impulskontrolle, Aggressivität, Gewalttätigkeit und Missachtung der Gefühle anderer (vgl. ders. 1993, S. 229ff.). Kriminelle aggressive Erwachsene, die zu Gewalttätigkeiten neigen, haben signifikant häufiger Tiere gequält als andere. Und: Je gewalttätiger und weniger sozial angepasst Erwachsene sind, umso brutaler verhielten sie sich als Kinder gegenüber Tieren (vgl. Krowatschek 2007, S. 109). Daraus lässt sich der Schluss ziehen, dass Tiere einen wichtigen Faktor im Leben eines Menschen ausmachen können und in vielerlei Hinsicht nützlich sind, z.B. in Bezug auf die Empathiefähigkeit eines Menschen. Außerdem kann der Umgang mit ihnen Hinweischarakter für die Entwicklung seiner Persönlichkeit haben.

Sie scheinen aber auch eine rehabilitierende Wirkung auf Individuen zu haben. Beispielhaft dafür sind Projekte, die entweder mit schwierigen Jugendlichen oder Straffälligen und Tieren durchgeführt wurden. Meist handelt und handelte es sich um Maßnahmen, die Straffälligen ein Tier anvertrauten und deren Aufgabe lautete, es zu erziehen oder zu trainieren, um es z.B. als Blindenhund oder Therapiepferd weiterzuvermitteln. Sie erwiesen sich als überaus erfolgreich (vgl. Greiffenhagen/Buck-Werner 2009, S. 200ff.). „Es gibt Gruppen, die signifikant vom Umgang mit

Tieren profitieren: Kinder, Alte, Benachteiligte, d.h. Kranke, Behinderte, Straffällige, Süchtige" (s. dies., S. 67).

Das Thema der vorliegenden Bachelorarbeit befasst sich mit der Gruppe der Benachteiligten, und zwar mit Kindern und Jugendlichen mit Verhaltens- und Erlebensstörungen. Gerade bei ihnen soll sich eine hundegestützte Pädagogik in besonderem Maße anwendbar zeigen. Auf der Grundlage theoretischer Ansätze und empirischer Studien soll aufgezeigt werden, welche Vorteile die hundegestützte Pädagogik gegenüber der regulären Pädagogik bei Kindern und Jugendlichen mit Verhaltens- und Erlebensstörungen bieten kann. Da Kinder und Jugendliche aufgrund ihrer Störungen einen besonderen pädagogischen Bedarf haben und diese Störungen diverse Ursachen haben können, scheint der Einsatz von Hunden in diesem Rahmen besonders sinnvoll. Schon die Anwesenheit eines Hundes kann helfen, Ursachen und Hintergründe herauszufinden, sowie Vertrauen aufzubauen, etc. Dies soll anhand der Bachelorarbeit aufgezeigt werden, wobei es eindeutig nicht darum geht, die Kinder und Jugendlichen für die Gesellschaft ‚angenehm zu machen‘, sie also zu verhaltens- und normangepassten Menschen zu ‚machen‘, sondern eine klare Hilfestellung zu leisten, sich mit der Verhaltensstörung bzw. den Verhaltensstörungen und den dahinter stehenden Ursachen auseinanderzusetzen und diese zu ver- und bearbeiten. Daher lautet die Fragestellung: Worin liegt das Potenzial der hundegestützten Pädagogik v.a. in Bezug auf Kinder und Jugendliche mit Verhaltensstörungen?

Eine Heranführung an das Thema soll zunächst über die Frage „Verhaltensstörungen?!" erfolgen. Dies geschieht durch eine Diskussion des Begriffes „Verhaltensstörungen" und synonymer Termini, die gegeneinander abgewogen werden sollen, um im Anschluss einen für die vorliegende Arbeit zentralen Begriff zu finden. Die Begriffskombination ‚Verhaltens- und Erlebensstörungen‘ soll verdeutlichen, dass es sich um innerlich und äußerlich wahrnehmbare Problematiken bei Individuen handeln kann.

Im Weiteren erfolgt eine Definition dieser Begriffskombination, die aktueller Natur ist. Zudem wird verdeutlicht, wovon eine Feststellung von Verhaltens- und Erlebensstörungen abhängig ist und das diese Feststellung ungleich dem Vorliegen einer Verhaltensstörung sein kann.

Des Weiteren wird die Frage erörtert, warum Verhaltens- und Erlebensstörungen auftreten, was also die Ätiologie von Verhaltensstörungen ist. Daher trägt dieser Abschnitt den Titel „Erklärungsansätze für Verhaltens- und Erlebensstörungen". Die Nennung und Beschreibung von bestimmten Störungen wird im Rahmen der vorliegenden Arbeit vernachlässigt bzw. es wird nur ein Hinweis auf vorhandene Zusammenstellungen erfolgen, da dies andernfalls über den Rahmen der Arbeit hinausgehen würde.

4

V.a. sollen in diesem Abschnitt Erklärungsansätze für das Aufkommen von Störungen geliefert werden.

Zur Ätiologie von Verhaltensstörungen liegen mehrere Ansätze vor, die nicht in ihrer Vollständigkeit behandelt werden, aber zum Verständnis vom Auftreten von Verhaltensstörungen beitragen können. U.a. seien hier der medizinische, der psychologische, der soziologische und der systemische Ansatz angesprochen. Hier zeigt sich die Interdisziplinarität der Pädagogik in Bezug auf Verhaltens- und Erlebensstörungen.

An dieser Stelle sei kurz angemerkt, dass die Diagnostik von Verhaltensstörungen ebenfalls nicht diskutiert wird. Die obigen Ausführungen sollen für ein entsprechendes Verständnis und für die vorliegende Arbeit ausreichend sein.

Der nächste Abschnitt beschäftigt sich mit der hundegestützten Pädagogik, die eine weitere, relativ neue Interventions- und Fördermöglichkeit bei Kindern und Jugendlichen mit Verhaltens- und Erlebensstörungen darstellen kann. Diese unterteilt sich in tiergestützte Interventionen und Canepädagogik. In dem Abschnitt „Hundegestützte Pädagogik – Was ist das und warum Hunde?" werden sie näher erläutert und ihre Funktionen beschrieben. Außerdem wird darauf eingegangen, warum in der vorliegenden Arbeit ausschließlich auf Hunde in tiergestützten Interventionen eingegangen wird, worin also der Sinn in der getroffenen Auswahl liegt.

Den Kern der Arbeit bilden die „Theoretischen Perspektiven auf hundegestützte Interventionsmaßnahmen"[1]. Hier wird der Frage nachgegangen, was die hundegestützte Pädagogik in Bezug auf Kinder und Jugendliche mit Verhaltens- und Erlebensstörungen leisten kann, wobei auf einzelne Theorien einzugehen ist, die sowohl die Mensch-Tier-Beziehung im Allgemeinen als auch deren positive Effekte auf den Menschen erklären wollen. Somit werden sie eine Basis darstellen, auf deren Grundlage der Einsatz von Hunden bei der pädagogischen Arbeit mit Kindern und Jugendlichen mit Verhaltens- und Erlebensstörungen positiv zu konnotieren ist.

Zu diesen Theorien gehören die Biophilie-Hypothese von Wilson und die Konzepte der Du-Evidenz, der Anthropomorphisierung und des Kindchenschemas. Auch die Theorien zum ‚transitional object' und zum ‚attentional shift' werden thematisiert. Im Anschluss werden Watzlawicks Erläuterungen zu Kommunikation, Ausführungen zu Spiegelneuronen, die Bindungstheorie von Bowlby und biochemische Funktionen des Oxytocin-Systems präsentiert. In einer Zusammenfassung wird schließlich darauf eingegangen, wieso hundegestützte Interventionsmaßnahmen gerade bei Kindern und Jugendlichen mit Verhaltens- und Erlebensstörungen einen positiven Effekt haben können.

---

[1] In der vorliegenden Arbeit werden Maßnahmen der hundegestützten Pädagogik als hundegestützte Interventionsmaßnahmen verstanden.

Im Fazit werden die gefundenen Ergebnisse abschließend reflektiert[2].

2. Verhaltensstörungen?!

Im folgenden Abschnitt wird der Begriff ‚Verhaltensstörung' diskutiert und dabei von anderen Termini abgegrenzt, sowie kritische Stimmen diesbezüglich aufgezeigt. Im Anschluss werden Erklärungsansätze für diese Störungen benannt, die aus verschiedenen Fachbereichen kommen.

2.1 Begriffsdiskussion

Für abweichendes Verhalten[3] wurden in der Vergangenheit schon viele Begriffe verwendet, u.a. entwicklungsgehemmt, entwicklungsgestört, erziehungsschwierig, fehlentwickelt, führungsresistent, usw. (vgl. Myschker/Stein 2014, S. 46). Die wohl derzeit am häufigsten verwendeten Begriffe sind jedoch Verhaltensstörungen (engl. ‚behavior disorders') und Verhaltensauffälligkeiten (engl. ‚behavior deviations'), die sowohl synonym verwendet als auch voneinander abgegrenzt werden (vgl. Seitz/Stein 2010, S. 919). Problematisch an allen Begriffen, die abweichendes Verhalten beschreiben sollen, ist, dass es sich um ‚Kontraktionsbegriffe' handelt, also um Begriffe, die ein multidimensionales Geschehnis interpretativ und fokussierend erfassen wollen (vgl. Oelkers 1985, S. 43). Problematisch daran ist, dass „Kontraktionsbegriffe die Pluralität des faktischen Geschehens nicht wirklich [erfassen], müssen dies jedoch – durch Referenz auf vermeintliche Gegenstände oder kausale Wirkgrößen – suggerieren" (s. ebd.). Allerdings liefert dies keinen Grund zur Nichtverwendung dieser Begriffe oder zur Formierung eines neuen, sondern gerade die deskriptive Unschärfe dieser Begriffe und die Masse der darunter zusammengefassten, teils deutlich divergierenden Phänomene erlauben ihre weitere Nutzung (vgl. Hillenbrand 2008, S. 14).

Generell ist für die Entwicklung von Theorien und Konzepten die Präzision des Bedeutungsgehalts der verwendeten Begriffe von grundlegender Bedeutung. Dies gilt auch für die Pädagogik. Mit den entwickelten Theorien sollen Phänomene angemessen beschrieben, Sachverhalte gültig erklärt und Handlungsempfehlungen entwickelt werden können. Die verwendeten Begriffe dienen in diesem Zusammenhang der Kommunikation und dem Verständnis, auch in interdisziplinären Bezügen. Begriffe mit vagem Bedeutungsgehalt hingegen können Sachverhalte nicht genau erfassen und beschreiben, also rekonstruieren (vgl. Schlee 1989, S. 36f.). Das Rekonstruieren von Sachverhalten ist jedoch wesentlich, um abweichendes Verhalten angemessen verstehen und darauf reagieren zu können. Indem Individuen Sachverhalten eigene Bedeutungen beimessen, sich auf diese beziehen

---

[2] Zur besseren Lesbarkeit wird in der vorliegenden Arbeit nur die männliche Form verwendet, es sind aber Personen beiden Geschlechts gemeint.
[3] Auch dieser Begriff dient normalerweise als Umschreibung (s. bspw. Keupp 1983), soll hier aber nur stellvertretend für das umschriebene Phänomen und nicht als fester Begriff verwendet werden.

und sie gestalten, sich also verhalten[4], setzt sich ein Prozess der gesellschaftlichen Konstruktion von Wirklichkeit in Gang (vgl. Keupp 1983, S. 8). Zu bedenken ist dabei, dass Verhalten auch dann noch regelgeleitet und sinnorientiert ist, wenn es Regeln verletzt. Der Sinn dahinter, sowie der individuelle bzw. subjektive Problemraum und die Handlungsressourcen müssen rekonstruiert werden, um das Verhalten als Problembewältigungsversuch zu verstehen, welches dann auftritt, wenn widersprüchliche und restriktive Lebensbedingungen eintreten (vgl. ders., S. 10).

Zum Begriff der ‚Verhaltensauffälligkeit(en)‘ lässt sich kritisch anmerken, dass dieser zum einen nicht zwischen externalisierenden (also Störungen, die im Verhalten des Individuums nach außen sichtbar werden) und internalisierenden Störungen (d.h. solchen, die im Erleben des Individuums auftreten und daher nicht direkt beobachtbar sind) unterscheidet. Zudem macht er keine Differenzierungen in Bezug auf positive und negative, sowie vorübergehende und andauernde Störungen. Dennoch gilt er als wertneutral (vgl. Myschker/Stein 2014, S. 47), weniger normgebunden und weniger diffamierend für den Betroffenen (vgl. Hillenbrand 2008, S. 8).

Der Begriff ‚Verhaltensstörung(en)‘ wurde 1950 auf dem ersten Weltkongress für Psychiatrie (‚Premier Congrès mondial de psychiatrie‘) in Paris erstmals eingeführt und umfasst alle Formen und Ausprägungsgrade von Fehlverhalten (vgl. Wiesenhütter 1964, S. 138). Schlee (1989) kritisiert an diesem Begriff zunächst die verborgene Wertigkeit durch die dem Begriff immanenten Werturteile. Zudem bemängelt er den unklar umrissenen Gegenstand des Begriffes, weil ‚Verhalten‘ als solches kaum einzuschränken ist. Außerdem findet seiner Meinung nach eine Machtdelegation an Erwachsene statt, denn diese bestimmen, welche Kinder und Jugendlichen als ‚gestört‘ gelten. Und es werden unterschiedliche Menschenbilder im Hinblick auf Erwachsene und Kinder bzw. Jugendliche reproduziert, wobei Kinder als ‚Reiz-Reaktions-Maschinen‘ und Erwachsene als rationale, selbstbestimmte Wesen verstanden werden (vgl. S. 40-44).

Dennoch wird in der vorliegenden Arbeit der Begriff ‚Verhaltensauffälligkeit(en)‘ nicht verwendet, da zum einen die Kritik Schlees auch für diesen Terminus Gültigkeit beanspruchen kann und er zudem keinen Hinweis auf eine Problemlage liefert (vgl. Bach 1989, S. 10). Außerdem bleibt bei diesem Begriff die Bedingtheit von Auffälligkeiten durch zeitliche, räumliche, situative, usw. Umstände unberücksichtigt, die aber Auslöser und konservierende Momente des Fehlverhaltens sein können (vgl. Seitz/Stein 2010, S. 920). Da nun aber die Nicht-Bezeichnung von abweichendem Verhalten die Initiierung von zielgerichteten Aktivitäten aus dem Blickfeld nimmt sowie sie der Reflexion entzieht und Beobachter sich zudem anderer Begriffe bedienen würden (vgl. Bach 1989, S. 4f.), ist der Begriff

---

[4] Myschker und Stein (2014) definieren Verhalten als „die Gesamtheit menschlicher Aktivitäten […], die im Wechselspiel zwischen Organismus und Umwelt generiert werden und von einfachen Reaktionen auf Reize bis zu willentlichen, komplexen, umweltverändernden Handlungen reichen" (s. S. 50).

‚Verhaltensstörung(en)' eher heranzuziehen. Zum einen ist er nun seit über 50 Jahren in verschiedensten Bereichen, v.a. der Pädagogik, der Klinischen Psychologie und der Kinder- und Jugendpsychiatrie gebräuchlich und zudem leicht in andere Sprachen zu übersetzen (vgl. Hillenbrand 2008, S. 8), was v.a. für den internationalen Kontext von Bedeutung ist. Zum anderen bringt der Begriff die Störung der Person-Umwelt-Beziehung bzw. des Funktionsgleichgewichts in der Interaktion der Person mit ihrer Umwelt zum Ausdruck (vgl. Seitz/Stein 2010, S. 920), denn abweichendes Verhalten wird erst dann charakteristisch, wenn sich abweichend verhaltende Menschen gegen (un-)geschriebene Erwartungen für ein geordnetes Zusammenleben entscheiden und Mitmenschen dies auch so wahrnehmen (vgl. Keupp 1983, S. 4). Dabei ist die Diskrepanz zwischen dem erwarteten und dem gezeigten Verhalten konstitutiv für die Beurteilung von störendem Verhalten (vgl. Hillenbrand 2008, S. 10), wobei sich das erwartete Verhalten an normativen Maßstäben und Erwartungen bemisst, die im Einzelnen statistische, explizite, sozio-kulturelle, funktionale, ideale und subjektive Normen sind (vgl. Seitz/Stein 2010, S. 920; Fröhlich-Gildhoff 2007, S. 15f.). Außerdem stellt Bach (1989) die Relativität oder Bedingtheit von abweichendem Verhalten dar, indem er feststellt, dass es an sich keine Verhaltensstörungen gibt, sondern nur „ein Verhalten, das in einem bestimmten Zusamm[en]hang von einer oder mehreren Personen nach bestimmten Wertvorstellungen als von einer bestimmten Erwartung als negativ abweichend beurteilt wird" (s. S. 11). Die Bedingtheit von Verhaltensstörungen zeigt sich folglich in der situativen, sozialen, epochalen, altermäßigen, weltanschaulichen bzw. ethnischen Relativität bezogen sowohl auf den Beurteilten als auch den Beobachter (vgl. S. 11f.).

Seitz und Stein (2010) plädieren für den Begriff ‚Verhaltens- und Erlebensstörung(en)', weil sich Verhaltensstörung(en) im Bereich der Persönlichkeit im engeren Sinne manifestieren, also im äußerlich wahrnehmbaren Verhalten und im inneren Erleben der Person, die als verhaltensgestört gelten soll (vgl. S. 921). Daher greift der Begriff ‚Verhaltensstörung(en)' mit dem Nur-Bezug auf ‚Verhalten' zu kurz. Opp (2003) spricht in diesem Zusammenhang von ‚Gefühls- und Verhaltensstörungen' (vgl. S. 54). ‚Erleben' ist an dieser Stelle jedoch dem Begriff ‚Gefühl' vorzuziehen, da Erleben alle bewussten und unbewussten inneren und für Außenstehende nicht sichtbaren Prozesse und Erfahrungen umfasst (vgl. Nolting/Paulus 2009, S. 14), womit Gefühle mitinbegriffen sind, während Gefühle oder auch Emotionen als Grundprozesse des psychischen Haushalts reaktiv durch vorangehende Situationen ausgelöst werden (vgl. dies, S. 54f.) und das Erleben nicht mit einschließen. Im Rahmen dieser Arbeit wird daher im fortlaufenden Text diese Begriffskombination im Plural verwendet, da es bei Verhaltens- und Erlebensstörungen immer um multidimensionale und multifaktorielle Symptomatiken geht, die sich nicht konstant zeigen, sondern meist nacheinander (vgl. Myschker/Stein 2014, S. 48f.).

Myschker und Stein (2014) definieren Verhaltensstörungen zusammenfassend als „ein von den zeit- und kulturspezifischen Erwartungsnormen abweichendes maladaptives Verhalten, das organogen und/oder milieureaktiv bedingt ist, wegen der Mehrdimensionalität, der Häufigkeit und des Schweregrades die Entwicklungs-, Lern- und Arbeitsfähigkeit sowie das Interaktionsgeschehen in der Umwelt beeinträchtigt und ohne besondere pädagogisch-therapeutische Hilfe nicht oder nur unzureichend überwunden werden kann" (s. S. 51).

Bei ihrer Definition, die in der Erziehungswissenschaft weitgehend Verwendung findet, nehmen Myschker und Stein nach Hillenbrand (2008) Bezug auf mehrere Ebenen. Dies sind im Einzelnen die phänomenologische Ebene, indem das Verhalten als abweichend von Erwartungen und Normen wahrgenommen wird, die ätiologische Ebene, indem das Verhalten organisch und/oder milieureaktiv verursacht wird, die klassifikatorische Ebene, indem das Verhalten sich nach den betroffenen Bereichen, der Häufigkeit und Schwere einordnen lässt, die teleologische Ebene, indem das erwartungswidrige Verhalten Konsequenzen und Auswirkungen auf die Entwicklung, das Lernen und Arbeiten sowie die Interaktion hat und nicht zuletzt die programmatische Ebene, indem die Forderung nach Hilfen, insbesondere pädagogisch-therapeutischen Hilfen, postuliert wird (vgl. S. 10f.). Dennoch fehlt die emotionale Dimension, wie dies bereits die Begriffskombination ,Erlebens- und Verhaltensstörung' festhält, weswegen sie um diese zu erweitern ist.

Für pädagogische Definitionen typisch und bei Myschker und Stein sichtbar, sind deskriptiv-programmatische Definitionen, d.h. Definitionen, die den Anspruch erheben, die deskriptive Bedeutung des Begriffs zu klären und zugleich bestimmte praktische Handlungsweisen zu rechtfertigen versuchen (vgl. ders. S. 13). Dies kann sich als schwierig erweisen, gilt aber laut Scheffler (1971) für zahlreiche pädagogische Begriffe und ist für den pädagogischen Sprachgebrauch unerlässlich, da diese oft in öffentlich-moralische Diskurse eingebunden sind (vgl. S. 42ff.).

Abzugrenzen sind Verhaltens- und Erlebensstörungen gegenüber anderen Beeinträchtigungen und Behinderungen, die auf kognitiver, motorischer oder physiologischer Ebene zu Leistungseinbußen führen, denn diese werden mit Lernbeeinträchtigungen, Körperbehinderungen oder Sinnesbehinderungen betitelt (vgl. Stein 2011, S. 10).

2.2 Erklärungsansätze für Verhaltens- und Erlebensstörungen

Im Folgenden sollen die einzelnen Erklärungsansätze kurz erläutert werden, um einen kurzen Ein- und Überblick zu liefern. Da Verhaltens- und Erlebensstörungen sowohl äquifinal als auch multifinal sein können (vgl. Ettrich/Ettrich 2006, S. 48) und das Spektrum möglicher Ursachen und Risikofaktoren sehr weitreichend ist, gestaltet es sich schwierig, Ätiologie und Entstehungsbedingungen zufriedenstellend und abschließend zu klären. Zusätzlich kann es für ein

Symptom verschiedenste Ursachen geben, die sich gegenseitig beeinflussen und miteinander verwoben sein können, sodass die Kausalität von Verhaltens- und Erlebensstörungen durchaus spekulativer Natur sein kann (vgl. Theunissen 2005, S. 77). Beispielhaft seien hier die individuellen Anlagen, die Informationsaufnahme- und -verarbeitungsmuster, die persönlichen lernbiografisch bedingten Eigenheiten, die Selbstbestimmungs- und Selbstorganisationstendenzen und die soziokulturellen Gegebenheiten, sowie die vielschichtigen größeren und kleineren sozialen Systeme benannt (vgl. Myschker/Stein 2014, S. 91). Daher kann eine Zusammenführung und Zusammenfassung der bisher existierenden Ansätze nur Aufklärungs- und Hinweischarakter haben und keinen Anspruch auf Vollständigkeit erheben[5] [6]. Die vorzustellenden verschiedenen Ansätze nehmen allerdings je für sich verschiedene der genannten Faktoren in den Mittelpunkt.

Zunächst lässt sich der biophysische Ansatz anführen, bei dem Verhaltens- und Erlebensstörungen in organisch-physiologischen Faktoren begründet liegen. Es werden Schädigungen oder funktionelle Abweichungen im Organismus vermutet, die dafür verantwortlich sind (vgl. Hillenbrand 2008, S. 17). Hierunter fallen die Medizin als auch die Humanethologie, wobei der medizinische Aspekt die genetischen, neuralen, biochemischen und entwicklungsmäßigen Bedingungen in den Blick nimmt und Verhaltens- und Erlebensstörungen darauf zurückführt (vgl. Myschker/Stein 2014, S. 93f.).

Die Humanethologie untersucht stammesgeschichtliche und kulturelle Anpassungen im menschlichen Verhalten und die Grammatik sozialen Verhaltens (vgl. Eibl-Eibesfeldt 2004, S. 18). Danach bestimmt das biologische Erbe aus Zeiten, als der Mensch noch Jäger und Sammler war, nach wie vor das Verhalten des Menschen und erklärt dessen ‚Programme' wie Nachahmungstendenzen und -fähigkeiten, das Erfassen und Verstehen basaler Emotionen oder auch die Lerndispositionen für spezielle Fähigkeiten (vgl. ders. 1988, S. 71ff.), welche für Verhaltens- und Erlebensstörungen verantwortlich sein können. Nach diesem Modell können diese biophysischen Fähigkeiten durch systematische Erziehung modifiziert werden, allerdings nur, wenn diese berücksichtigt und nicht negiert werden (vgl. ders., S. 85ff.).

Das psychodynamische Modell greift auf psychologische Theorien zurück, im Einzelnen die Psychoanalyse, die Individualpsychologie, die Humanistische Psychologie und die Lerntheorie. Die Psychoanalyse versteht Verhaltens- und Erlebensstörungen als das Ergebnis unangepasster

---

[5] Für nähere Informationen wird auf die Ausführungen von Myschker/Stein (2014) und Stein (2011) zu bisherigen Ansätzen (s. Literaturverzeichnis) verwiesen, sowie auf Theunissen (2005) für eine Zusammenfassung der zugrundeliegenden Theorien.

[6] Aus selbigen Gründen wird auf eine (beispielhafte) Auflistung verschiedenster Verhaltens- und Erlebensstörungen verzichtet: „Verhaltensstörung ist ein Phänomen, das in der Auseinandersetzung einzelner Kinder mit gesellschaftlichen Anforderungen entsteht. Da gibt es keine immer wiederkehrenden Merkmale, die sich schlüssig rubrizieren lassen, sondern vielfältige Formend [!] als Bestandteile der persönlichen Lebensgeschichte von Kindern und Erwachsenen" (s. Kupffer/Ziethen 1992, S. 184f.). Dennoch sei auf eine Auflistung mit Kurzbeschreibung bei Myschker und Stein (2014) verwiesen (S. 54f.), sowie auf die zwei Klassifikationssysteme ICD-10 sowie DSM-IV, die zudem der Verständigung unter Fachleuten und der Diagnose dienen.

psychischer Prozesse, wobei biologische Prädeterminanten und Wechselbeziehungen mit der Umwelt bei Personen mit inadäquater Ich-Entwicklung zu einem Selbstkonzept führen, welches internalisierte Gefühle mit sich bringt (vgl. Freud 1971, S. 52ff., 96ff.). Von besonderer Wichtigkeit in diesem Konzept sind das Instanzenmodell der Persönlichkeit, das Triebmodell, das Phasenmodell der Triebentwicklung und nicht zuletzt das Konzept der psychischen Abwehrmechanismen und die Störungslehre (vgl. Myschker/Stein 2014, S. 108f.).[7]

Der individualpsychologische Aspekt ist auf den Lebensplan sowie das Gemeinschafts- und Minderwertigkeitsgefühl von Menschen ausgerichtet. Verhaltens- und Erlebensstörungen entwickeln sich nach diesem Konzept vor allem dann, wenn Gemeinschaft durch das Individuum negativ erlebt wird, indem entweder Präsenz, Erwartungen und Anforderungen oder Verhalten ihm gegenüber ungeeignet oder unpassend sind und zusätzlich das naturgemäße Minderwertigkeitsgefühl durch unbewältigte Kompensationstendenzen sowie ein ungelöstes Geltungs- und Überlegenheitsstreben verstärkt wird. Dann entwickelt sich ein negativer Lebensplan, der Entwicklungs- und Bewältigungstendenzen vorsieht, die nicht gemeinschaftsförderlich sind, aber dennoch beeinflussbar und veränderbar. Gemeinschaft meint zunächst vor allem die Familie eines Individuums, von besonderer Wichtigkeit ist v.a. die erste Dauerbezugsperson (vgl. Adler 1974, S. 15ff.; 1973, S. 32ff.; 1954, passim; 1965, S. 238; 1976, passim)[8].

Die Humanistische Psychologie sieht im Mittelpunkt das Selbstkonzept eines Menschen und dessen Organismus. Zu Verhaltens- und Erlebensstörungen kann es kommen, wenn das Individuum Erlebnisse oder Erfahrungen macht, die entweder dem Selbstkonzept widersprechen oder nicht in dieses zu integrieren sind. Verstärkend kann hier die nicht intakte Selbstaktualisierungstendenz wirken, die den Organismus stabilisiert und durch ungünstige Umweltbedingungen gestört werden kann. In diesem Fall wird von Inkongruenzen zwischen Organismus und Selbstkonzept, zwischen subjektiv wahrgenommener und tatsächlicher Realität oder zwischen wahrgenommenem und idealem Selbst gesprochen (vgl. Rogers 2009, S. 27ff., 56ff., 72ff.)[9].

Nach der lerntheoretischen Sichtweise, welche von Pawlow und Thorndike etwa zur gleichen Zeit entwickelt und von Watson, Skinner, Bandura und Lazarus weitergeführt wurde, ist sowohl angepasstes als auch unangepasstes Verhalten auf die gesetzmäßige Realisation der Prinzipien der

---

[7] Für nähere Informationen wird u.a. auf „Abriss der Psychoanalyse" (Lohmann/Freud 2010), „Psychoanalyse für Pädagogen" (Freud 1971), „Das Ich und die Abwehrmechanismen" (Freud 1984) und „Zur Psychopathologie des Alltagslebens" (Freud 1973) verwiesen.
[8] Für nähere Informationen wird u.a. auf „Die Technik der Individualpsychologie. 2.Teil: Die Seele des schwererziehbaren Schulkindes" (Adler 1974), „Individualpsychologie in der Schule. Vorlesungen für Lehrer und Schüler" (Adler 1973), „Menschenkenntnis" (Adler 1954) und „Kindererziehung" (Adler 1976) verwiesen.
[9] Für nähere Informationen wird u.a. auf „Entwicklung der Persönlichkeit. Psychotherapie aus der Sicht eines Therapeuten" (Rogers 2012) und „Der neue Mensch" (Rogers 2015) verwiesen.

Verstärkung und Löschung in Verbindung mit Anlagenbedingungen und kognitiven Prozessen bzw. Selbstbestimmungstendenzen zurückzuführen. V.a. die Prinzipien des klassischen und operanten Konditionierens sowie des Modelllernens sind für Verhaltensweisen und -modifikationen verantwortlich (vgl. Myschker/Stein 2014, S. 124) und wirken meist zusammen (vgl. dies., S. 127)[10].

Das soziologische Modell fokussiert darauf, dass Verhaltens- und Erlebensstörungen durch den Verstoß gegen fixierte und unausgesprochene Regeln entstehen. Im Mittelpunkt steht hier nicht das Individuum, sondern gesellschaftliche Zuschreibungs- und Ettiketierungsprozesse sowie andere soziale Bedingungen wie Gegebenheiten und Erwartungen (vgl. Myschker/Stein 2014, S. 128). Anwendung findet hier z.B. die Anomietheorie nach Durkheim (1960), der zufolge Zustände der Normlosigkeit aus sozialen Bedingungen resultieren (vgl. S. 397-402, 424ff.). Merton (1979) bezog diese auf Jugenddelinquenz und sah sie in der Diskrepanz zwischen kulturellen Zielen und sozialstrukturell differenzierten Zugangschancen begründet (vgl. S. 291ff.). Ein weiterer Ansatz ist der des labeling approach, der Ettiketierungs-, Stigmatisierungs- und Selbststigmatisierungsprozesse heranzieht und negative Typisierungen und Sanktionen durch einseitige Situationsdefinitionen und spezielle Umstände hervorgerufen sieht (vgl. Goffman 1975, S. 9ff., 156ff.). Auch die Interaktionstheorie abweichenden Verhaltens (vgl. Becker 2014, S. 25ff, 39ff.) und die ‚sich selbst erfüllende Prophezeiung' (vgl. Smale 1980, S. 28ff.) finden hier Anwendung sowie die Kommunikationstheorie der amerikanischen Palo-Alto-Schule, die in Deutschland vor allem durch Watzlawick, Beavin und Jackson (2011) bekannt wurde. Letztere stellt fünf Axiome der Kommunikation auf, nach denen Interaktionen Kreisprozesse sind und Verhaltens- und Erlebensstörungen v.a. dadurch auftreten können, dass die Interaktionspartner die Beziehung unterschiedlich definieren, die Interpunktionen in den Kommunikationsabläufen divergieren, die analoge Kommunikation nicht adäquat gedeutet werden kann und die Handlungsforderungen unter ihnen widersprüchlich oder gar paradox sind. Nach diesem Modell ist es vor allem wichtig, Verhaltens- und Erlebensstörungen in jenen Systemen nachzuvollziehen, in denen sie auftreten und aufgetreten sind (vgl. S. 84ff.)[11].

Ein weiteres Modell, welches auf systemischen Ansätzen beruht, sieht Verhalten als Interaktion zwischen einem Individuum mit seinen ganz eigenen Anlagen und Selbstbestimmungs- sowie

---

[10] Für nähere Informationen wird u.a. auf „Lernen und Verhalten" (Mazur 2006) und „Verhaltensmodifikation durch Modelllernen: theoretische Ansätze und Therapiemethoden" (Bauer 1979) verwiesen.
[11] Für nähere Informationen zur Anomietheorie wird auf „Über die Anomie" (Durkheim 1960), „Sozialstruktur und Anomie" (Merton 1979) und „Abweichendes Verhalten und sozial-pädagogisches Handeln" (Wurr/Trabandt 1986) verwiesen, zum labeling approach auf „Stigma. Über Techniken der Bewältigung beschädigter Identität" (Goffman 1975), zur Interaktionstheorie abweichenden Verhaltens auf „Außenseiter. Zur Soziologie abweichenden Verhaltens" (Becker 2014) und zur ‚sich selbst erfüllenden Prophezeiung' auf „Die sich selbst erfüllende Prophezeiung. Positive oder negative Erwartungshaltungen und ihre Auswirkungen auf die pädagogische und therapeutische Beziehung" (Smale 1980).

Selbstorganisationstendenzen und den verschiedenen Systemen seiner Umwelt. Folglich ist Verhalten immer relational und kontextabhängig und beruht auf einer eigenen Dynamik, die zusätzlich mit der eigenen subjektiven Wahrnehmung bzw. Konstruktion von Welt in Verbindung steht (vgl. Maturana/Varela 1987, passim). Verhaltens- und Erlebensstörungen sind demnach Resultat eines Interaktions- bzw. Wechselwirkungsprozesses zwischen einem genetisch einzigartigem Individuum mit seinen individuellen Tendenzen und den spezifischen Gegebenheiten in der Umwelt auf ihren verschiedenen Systemebenen. Bei diesem Aspekt finden auch Forschungsansätze Berücksichtigung, die aus verschiedenen Fachrichtungen stammen und sowohl individuelle als auch Umweltfaktoren mit einbeziehen sowie diese in einen interaktionalen Zusammenhang bringen (vgl. Myschker/Stein 2014, S. 137)[12].

Erhebungen über die Verbreitung von Verhaltens- und Erlebensstörungen variieren stark, was zum einen unterschiedliche Ergebnisse zur Folge hat und zum anderen aus Definitionsschwierigkeiten, ungleichen Untersuchungskonzeptionen und zeit- sowie lokalspezifischen Bedingungen resultiert. Die Untersuchung des quantitativen Aspekts von Verhaltens- und Erlebensstörungen ist vor allem in Deutschland[13] aufgrund methodischer Schwierigkeiten und dem zeitlichen, personellen und materiellen Aufwand nur ungenügend durchgeführt worden, zumal es bei einer holistischen Untersuchung um die Erhebung kognitiver, emotionaler, sozialer und somatischer Daten geht, für die es der Kooperation von Pädagogen, Psychologen, Medizinern und Sozialarbeitern bedarf (vgl. Myschker/Stein 2014, S. 80f.). Aufgrund dessen lassen sich Angaben über die Verbreitung nur bedingt und annäherungsweise machen, dennoch geht Göppel (2007) in Bezug auf Verhaltens- und Erlebensstörungen von etwa einem Sechstel Betroffener unter allen Kindern und Jugendlichen aus, wobei dies ein Mittelwert der von ihm gesichteten Studien ist. Gleichzeitig konstatiert er dies als konstanten Wert über Jahre hinweg (vgl. S. 207). Ihle und Esser (2002) werteten die Ergebnisse von seriösen epidemiologischen Studien der letzten drei Jahrzehnte aus und erhielten so einen Wert von 18%. Die Persistenzrate betrug dabei etwa 10%. Geschlechtsunterschiede bezüglich Verhaltens- und Erlebensstörungen waren nicht so eindeutig, wie ältere Studien es erwarten ließen. Externalisierende Verhaltens- und Erlebensstörungen verteilten sich eher auf Jungen, internalisierende auf Mädchen (vgl. S. 159ff.)[14].

---

[12] Für nähere Informationen vgl. z.B. „Die Rehabilitation der Verhaltensgestörten" (Martikke 1978).
[13] Ausländische Studien können hier aufgrund der kulturellen Unterschiede vernachlässigt werden.
[14] Die Verbreitung spezieller Störungen finden sich bei Myschker und Stein (2014) auf S. 88f.

3. Hundegestützte Pädagogik – Was ist das?

Zuvor wurde der Rahmen für Verhaltens- und Erlebensstörungen gesteckt und Erklärungsansätze angeführt, die deren Entstehung erläutern. Im folgenden Abschnitt werden hundegestützte Interventionsmaßnahmen vorgestellt, die in Bezug auf Verhaltens- und Erlebensstörungen eine Alternative zu regulären Interventionsmaßnahmen darstellen[15]. Mittlerweile haben sich zwei Ansätze für hundegestützte Interventionen herausgebildet, die sich im Wesentlichen nicht unterscheiden, aber dennoch in einem wichtigen Punkt eine andere Herangehensweise wählen. Zunächst sollen sie einmal vorgestellt werden.

Der erste Ansatz wird als Animal Assisted Intervention (AAI) bezeichnet und wird von der IAHAIO (2014) wie folgt definiert: „An Animal Assisted Intervention is a goal oriented and structured intervention that intentionally includes or incorporates animals in health, education and human service (e.g., social work) for the purpose of therapeutic gains in humans. It involves people with knowledge of the people and animals involved. Animal assisted interventions incorporate human-animal teams in formal human service such as Animal Assisted Therapy (AAT), Animal Assisted Education (AAE) or under certain conditions Animal Assisted Activity (AAA)" (s. S. 5). Bereits seit dem 8. Jahrhundert ist der Einsatz von Tieren für therapeutische Zwecke bekannt, aber das Fundament für die nachfolgenden Unterteilungen und Qualitätsstandards legte wohl Boris Levinson, der als Erster ein Tier gezielt in der Arbeit mit Kindern einsetzte. Seit den 1970er Jahren etablierten sich dann auch in vielen Ländern Vereine und Gesellschaften, die sich mit diesem Thema befassten, mitunter die ‚International Association of Human-Animal-Interaction-Organisations' (IAHAIO), welche seit 1990 der Internationale Dachverband für die Erforschung der Mensch-Tier-Beziehung ist und alle nationalen Vereinigungen und andere Organisationen, die sich mit diesem Thema beschäftigen, unter sich versammelt (vgl. Vernooij/Schneider 2010, S. 26ff.).

Tiergestützte Therapie, tiergestützte Erziehung bzw. Pädagogik und tiergestützte Aktivitäten sollen hier noch einmal kurz erläutert werden.

Laut IAHAIO handelt es sich bei der Animal Assisted Therapy (AAT), also der tiergestützten Therapie, um eine zielorientierte, geplante und strukturierte therapeutische Intervention, die vor allem von Fachleuten aus dem Gesundheits-, Bildungs- oder Betreuungssektor begleitet werden. Wichtig ist, dass der Therapiefortschritt dokumentiert und evaluiert wird. Die Ausführenden, also Hund und Halter, müssen trainiert und geprüft sein, sowohl bezogen auf die tiergebundene Praxis, als auch in dem jeweiligen Anwendungsbereich. Ziel dieser Intervention ist die Steigerung des physischen,

---

[15] Andere Interventionsmaßnahmen werden in der vorliegenden Arbeit nicht vorgestellt, da dies den Rahmen sprengen würde. Zudem wird auf Wirkmechanismen in Bezug auf hundegestützte Interventionen im nachfolgenden Abschnitt eingegangen, weswegen sie hier, wenn überhaupt, nur angeschnitten werden.

kognitiven, verhaltensbezogenen und/oder sozio-emotionalen Wohlbefindens des Klienten (vgl. IAHAIO 2014, S. 5). Die Therapieform kann dabei direktiv als auch nondirektiv sein, es ist sowohl ein Einzel- als auch ein Gruppensetting denkbar, die Altersgruppen sind dabei nicht beschränkt, ebenso wenig die Formen der Einschränkung des bzw. der Klienten (vgl. Chandler 2005, S. 5).

Die Animal Assisted Education bzw. Pedagogy (AAE), also die tiergestützte Erziehung bzw. Pädagogik, unterscheidet sich zu der Animal Assisted Therapy in der Qualifikation der ausführenden Fachleute. Bei dieser Form wird sie durch Erzieher, Lehrer und ähnliche Bildungs- und Erziehungsbeauftragte ausgeführt. Diese müssen jedoch zwingend qualifiziert und in ihrem Fachgebiet ausgebildet sein und zudem Kenntnisse über die eingesetzten Tiere haben. Der Schwerpunkt liegt hier vor allem auf der Erreichung akademischer Ziele sowie pro-sozialer und kognitiver Fähigkeiten. Die Fortschritte des Klienten müssen auch hier gemessen und protokolliert werden (vgl. IAHAIO 2014, S. 5).

Bei der Animal Assisted Activity (AAA), der tiergestützten Aktivität, handelt es sich um eine geplante und zielorientierte, informelle Interaktion bzw. einem Besuchsdienst, welcher von einem Mensch-Tier-Team zu motivationalen, erzieherischen bzw. Bildungs- und Erholungszwecken durchgeführt wird. Das Team muss mindestens ein einführendes Training, eine Vorbereitung und eine Beurteilung erhalten haben, um dieses Angebot bereitstellen zu können. Sie können auch mit einer ausgebildeten Person in dessen jeweiligem Fachbereich zusammenarbeiten, wodurch sich Überschneidungen zur AAT oder AAE ergeben und diese Interventionen wiederum protokolliert und evaluiert werden müssen. Die IAHAIO nennt als Beispiele die Krisenintervention oder auch Besuchsdienste in Pflegeheimen (vgl. IAHAIO 2014, S. 5f.).

Gemeinsam ist diesen Ansätzen, dass sie mit ausgebildeten Tieren bzw. Hunden arbeiten.

Zum anderen gibt es die von Corinna Möhrke (2012) entwickelte ‚Canepädagogik', was Pädagogik mit und durch den Hund bedeutet. Dafür verwendet sie das lateinische Wort für Hund, also Canis, und nutzt die Endung ‚e' als Ablativ, was so viel wie ‚mit' sowie ‚durch' bedeutet. Dieser Ansatz fokussiert auf Kinder und Jugendliche mit Verhaltens- und Erlebensstörungen bzw. auf deren Erziehung, um so die Betroffenen wieder erziehungsfähig und –willig zu machen und sie in die Gesellschaft integrieren zu können. So soll Bildung langfristig ermöglicht werden (vgl. S. 25). Dabei beruht dieser Ansatz auf einem heilpädagogisch orientiertem Handlungskonzept, welcher sich grundsätzlich an drei Regeln orientiert: „1. Wir müssen das Kind verstehen, bevor wir es erziehen", „2. Nicht gegen den Fehler, sondern für das Fehlende" und „3. Nicht nur das Kind, auch seine Umgebung ist zu erziehen" (s. S. 26ff.). Mit der ‚Canepädagogik' sollen diese Regeln konkret umgesetzt werden (vgl. ebd.). Da die Betroffenen oft aufgrund ihrer spezifischen Erfahrungen mit Bezugspersonen nicht mehr zugänglich für fremde Menschen sind, sowie Pädagogen hohen fachlichen und menschlichen Anforderungen entgegentreten müssen und zusätzlich ein doppeltes Mandat (Betroffener und Arbeitgeber) haben, erscheint der Autorin die Erziehung mit und durch den Hund als entsprechende Lösung. Der Hund soll als Medium die unverzichtbare Beziehung zwischen Betroffenem und Pädagogen ermöglichen, indem er den Pädagogen aus seiner unvorteilhaften, wahrgenommenen übergeordneten Rolle und als Bestandteil der ausgrenzenden und stigmatisierenden Gesellschaft entlässt und ihn zum Hundefreund macht, der dem Betroffenen ermöglicht, in der Freizeit mit Hunden zu spielen (vgl. S. 49ff.). Zusätzlich sieht sie durch den Hund essentielle Bedürfnisse befriedigt, Verhaltensregeln werden vermittelt, die Kommunikationsfähigkeit wird verbessert sowie die physische, emotionale, soziale und psychische Entwicklung gefördert (vgl. S. 58-64). Das Besondere an diesem Ansatz ist, im Vergleich zu dem oben aufgeführten, dass gerade nicht ausgebildete Hunde eingesetzt werden, da diese gelernte Neutralität dem gesetzten Ziel entgegenwirken würde. Das authentische Spiegeln von unerwünschten Verhaltensweisen sowie ebenso das Beibringen von Kommandos von Beginn an sind essentiell bei diesem Ansatz. Außerdem werden Junghunde eingesetzt, und es wird in Kleinstgruppen gearbeitet (vgl. S. 69f.).

Der hauptsächliche Unterschied dieser beiden grundsätzlichen Konzepte ist die Ausbildung der Hunde. Bei der Arbeit mit Kindern und Jugendlichen mit Verhaltens- und Erlebensstörungen erscheint der Ansatz von Möhrke zunächst sinnvoller, da nach Otterstedt (2007) ein antrainierter Kontakt zwischen Hund und Klient aufgrund des Leistungsprinzips beim Hund und der daher rührenden primären Orientierung des Hundes hin zur Belohnung nur einen rein körperlichen Kontakt bedeuten und keine emotionale Wirkung entfalten kann. Die Autorin plädiert für eine freie Begegnung, weil so der volle Umfang an Kommunikationsebenen zum Tragen kommt, vor allem wenn dies in einem freien Raum geschieht (vgl. S. 41). Damit spricht sie unter anderem jenes Konzept von Möhrke an, die dies durch die Canepädagogik verwirklicht sieht.

Weitere Unterschiede zeigen sich in der Ausschließlichkeit des Einsatzes von Hunden beim Konzept der Canepädagogik und dem möglichen Einsatz aller zumindest geeigneten Tiere bei AAIs, sowie der Qualifikation der betreuenden Personen bei hundegestützten Interventionsmaßnahmen, was bei AAIs deutlich reglementierter, jedoch scheinbar der Definierung einzelner Einsatzmöglichkeiten durch die IAHAIO zugrunde zu legen ist. Zudem sind die Einsatzmöglichkeiten von AAIs weit offener gefasst, als beim Konzept der Canepädagogik, welches nur bei Kindern und Jugendlichen mit Verhaltens- und Erlebensstörungen Anwendung findet und daher auf die Bedürfnisse der Klienten vielseitig abgestimmter ist.

Für die Beantwortung der Frage, weswegen gerade Hunde bevorzugt für tiergestützte Interventionen gewählt werden, ist vor allem ein Grund zu nennen: Menschen und Hunde haben seit mindestens 12000 Jahren eine gemeinsame Geschichte. Der Mensch domestizierte den Wolf, also den Canis lupus zum Canis familiaris, der heutige Hund. Neuere Forschungsergebnisse belegen auf der Basis von DNA-Analysen sogar, dass sich der Hund bereits vor 135.000 Jahren evolutionär vom Wolf weiterentwickelte, womit der Zeitpunkt der Entwicklung des Primaten zum Menschen und des

Wolfes zum Hund nahezu identisch wäre. Eine Koevolution der beiden Arten wird damit wahrscheinlich (vgl. Kuhn 2012, S. 23, 27). Wills und Robinson (2000) nehmen an, dass durch die Domestikation, die im Grunde dadurch ablief, dass der primitive Mensch sich die zahmsten Wölfe heraussuchte und diese abrichtete, sich die soziale Beziehung und das kommunikative Verständnis zwischen Mensch und Hund verbessern konnten. Durch die Domestikation des Wolfes büßten einige seiner Gehirnbereiche an Funktionsfähigkeit ein. Dies ging mit reduzierter Wachsamkeit, Wahrnehmung der Umgebung, Seh- und Hörkraft einher. Der Wolf war somit weniger wild und der Mensch konnte ihn von diesem Zeitpunkt an kontrollieren (vgl. S. 13), sowie weiter nach Anpassungsfähigkeit an menschliche Gewohnheiten und Deutungsvermögen menschlicher Sprache und Intention selektieren (vgl. Kuhn 2012, S. 114). Nach Trumler (1975) hat der Hund daher „im Umgang mit uns gelernt, was jene Körperhaltung, jener Gesichtsausdruck, jene stimmliche Klangfarbe oder die unseren Eigengeruch verändernde Adrenalinausschüttung [...] bedeutet. [...] So entdeckt er (instinktiv) unsere Stimmung, ohne sich darauf konzentrieren zu müssen, bereits früher als wir selbst und richtet sein Verhalten danach" (s. S. 171), was nach Otterstedt (2001) daran liegt, dass Hunde eine soziale Intelligenz besitzen. Zudem fühlen Menschen sich meist wohler mit Tieren, die ebenso in einem Sozialverbund aufwachsen und leben (vgl. S. 170f.). Daher scheint der Hund besonders geeignet um Interventionsmaßnahmen zu begleiten.

4. Theoretische Perspektiven auf hundegestützte Interventionsmaßnahmen

Nachfolgend sollen einzelne Erklärungsmöglichkeiten zur Wirksamkeit hundegestützter Interventionsmaßnahmen näher beleuchtet werden. Es wäre nicht hilfreich, sich nur auf eine Theorie zu beschränken, da ein einzelner Ansatz niemals alle Wirkmechanismen der Mensch-Tier-Beziehung erklären und aufzeigen könnte, sodass sich sagen lässt, dass es den einen Grund oder das eine Modell zu ihrer Erklärung nicht gibt. Dennoch greift jede Theorie für sich Teilaspekte dieser Beziehung auf (vgl. Germann-Tillmann/Merklin/Stamm Näf 2014, S. 25). Ausgangspunkt für die unten aufgeführten Theorien sind sowohl physiologische, psychologische als auch soziale Wirkungen beim Menschen, die durch die Interaktion mit einem Tier hervorgerufen werden können. Sie sollen hier zusammenfassend benannt werden. Zu beachten ist dabei, dass diese Wirkeffekte nicht generell und zwangsläufig eintreten, sondern dass laut Kotrschal (2009) die unten aufgeführten Theorien diese Wirkeffekte unterstützen (vgl. S. 67).

Zu den physiologischen Wirkeffekten zählen u.a. die Reduzierung kardiovaskulärer Risikofaktoren sowie biochemische Veränderungen und neuroendokrinale Wirkungen. Aber auch Muskelentspannung, z.B. im Bereich der Atmung, sowie die Verbesserung der Motorik lassen sich darunter fassen. Appetitanregung kann ebenfalls ein Nebeneffekt sein. Hinzu kommt eine Verbesserung des Gesundheitsverhaltens im Allgemeinen sowie im Speziellen, z.B. bezogen auf die

Tagesstrukturierung. Unter den psychologischen Effekten lassen sich die Förderung des emotionalen Wohlbefindens, des positiven Selbstbildes, des Selbstwertgefühls und des Selbstbewusstseins fassen. Das Kontrollbewusstsein über sich selbst und die Umwelt nehmen zu, Sicherheit und Selbstsicherheit werden gesteigert, Angst und psychischer Stress nehmen hingegen ab. Hinzu kommen Beruhigung und Entspannung, Wirkungen sozialer Integration, Regressions-, Projektions- und Entlastungsmöglichkeiten. Depressionen und suizidale Erwägungen werden ebenfalls verringert. Zu den sozialen Effekten zählen die Aufhebung von Einsamkeit und Isolation. Nähe, Intimität und Körperkontakt nehmen zu. Die Bereitschaft zur Streitschlichtung wird verbessert und der Familienzusammenhalt wird gestärkt. Vertrauen und Empathie können gesteigert werden und im Beisein eines Tieres fällt die Interaktion mit anderen Individuen leichter, weil positive soziale Attribute in den Vordergrund treten (vgl. Nestmann 2005, S. 453-456)[16].

Bei den nachfolgenden Theorien handelt es sich zum ersten um die Biophilie-Hypothese, die nur einer kurzen Abhandlung bedarf, da es sich dabei um eine grundsätzliche, allumfassende Theorie handelt, die allenfalls die menschliche Affinität zur Natur erklären kann und dadurch auch zu den Lebewesen. Mit der Du-Evidenz soll erklärt werden, wie Menschen Tiere wahrnehmen (können), erweitert durch das Kindchenschema und die Anthropomorphisierung. ‚Transitional object‘ und ‚attentional shift‘ werden ebenfalls kurz herangezogen. Anhand der analogen Kommunikation soll herausgestellt werden, wie Mensch und Tier miteinander kommunizieren und wie dies positiv genutzt werden kann. Danach wird im Weiteren das Spiegelneuronensystem kurz erläutert. Dabei handelt es sich um eine neuere, auf dem Gebiet der Mensch-Tier-Beziehungen noch unerforschte Theorie, weswegen sie eher der Vollständigkeit halber angeführt wird, als dass sie nachweislich Wirkeffekte erklären könnte. Im Anschluss werden Bindungstheorie und die biochemische Funktion des Oxytocin erörtert, die zum einen aufeinander bezogen werden und zum anderen die Wirkeffekte der Mensch-Tier-Beziehung am besten erklären können, v.a. bezogen auf das hier bearbeitete Thema.

4.1 Die Biophilie-Hypothese

‚Biophilie‘ setzt sich zusammen aus dem griechischen Wort ‚bíos‘, also ‚Leben‘. Laut Duden erlangt es in Wortzusammensetzungen die Bedeutung, „dass jemand oder etwas mit Natürlichem, Naturgemäßem zu tun hat, mit der Natur in irgendeiner Weise in Beziehung steht" bzw. „dass jemand oder etwas in irgendeiner Weise mit organischem Leben, mit Lebewesen in Beziehung steht" (s. URL: http://www.duden.de/rechtschreibung/bio_). Das Suffix ‚-philie‘ leitet sich von dem griechischen Wort ‚philía‘ ab und bedeutet wörtlich „Liebe, Freundschaft" und erhält im deutschen

---

[16] Bei dieser verkürzten Darstellung handelt es sich um eine zusammenfassende Übersicht einiger empirischer Studien zu diesem Thema. Für nähere Informationen s. Wesenberg 2014, S. 90ff.

als Wortbildungselement die Bedeutung von „Vorliebe, Liebhaberei, Neigung (zu etwas)" (s. URL: http://www.duden.de/rechtschreibung/_philie).

Bereits der Psychologe Erich Fromm entwickelte diesen Begriff als Gegensatz zur Nekrophilie und definierte sie dementsprechend als eine „leidenschaftliche Liebe zum Leben und allem Lebendigen; sie ist der Wunsch, das Wachstum zu fördern, ob es sich nun um einen Menschen, eine Pflanze, eine Idee oder eine soziale Gruppe handelt" (s. Fromm 1974, S. 331). Auch andere Theoretiker wie C. G. Jung und Freud haben sich in ihren Theorien auf die Beziehung zwischen Mensch und Natur bezogen (vgl. Greiffenhagen/Buck-Werner 2009, S. 183). Aber erst Edward O. Wilson und wenig später auch Stephen R. Kellert haben sich intensiv mit dem Thema der Biophilie auseinandergesetzt.

Diese Theorie soll hier einmal kurz erläutert werden: Wilson (1993) bezeichnet Biophilie als die ursprüngliche, angeborene emotionale Anziehungskraft von Menschen zu anderen lebenden Organismen (vgl. S. 31) bzw. als die Fokussierung auf das Leben und lebensnahe Prozesse (vgl. ders. 1984, S. 1), welche die vielfachen, vor allem geistigen Entwicklungen des Menschen beeinflusst (vgl. Kellert 1993, S. 42). Sie rührt von der natürlichen, Millionen Jahre andauernden kollektiven Entwicklung des Menschen mit der Natur und seinen in ihr beheimateten Lebewesen (vgl. Vernooij/Schneider 2010, S. 4). Die notwendige Interaktion mit seiner Umwelt sicherte dem Menschen das Überleben, indem ihn dies zur Nahrungsmittelaufnahme befähigte, sie ihm Schutz oder eine gemeinsame Lebensgestaltung bot. Dies wiederum begründete Beziehungsmuster, die bis heute abrufbar sind, weil sie auf eine sehr lange Entwicklung zurücksehen können und sich im Verhalten manifestiert haben (vgl. Olbrich 2009, S. 112). Kellert (1993) stellt dazu neun Perspektiven der Bezugnahme des Menschen zur Natur auf, die sich in die utilitaristische, naturalistische, ökologisch-wissenschaftliche, ästhetische, symbolische, humanistische, moralistische, dominierende und negativistische Perspektive unterteilen und je ihre eigene Daseinsberechtigung für den Menschen und die Natur haben (vgl. S. 44-58)[17]. Dennoch kann dieses Konzept nur als Grundannahme und zur Untermauerung anderer Konzepte herangezogen werden, denn wie Buchner-Fuhs (2012) bemerkt, greift es durch seine Universalität zu kurz und wird damit vage und unspezifisch. Greift man ausschließlich auf eine solche Theorie zurück, wird die Argumentation ahistorisch und unpräzise (vgl. S. 312), weswegen sie hier nur kurz erwähnt bleiben soll und höchstens als Grundlage für die weiteren zu benennenden Theorien dient, da es sich dabei nach Olbrich (2009) teilweise um „psychologische Prozesse [handelt], die erst auf Basis einer evolutionär vorbereiteten Affinität von Menschen zu Tieren wirksam werden können" (s. S. 376), sie somit also möglicherweise die Verbundenheit von Mensch und Natur allgemein erklären kann.

---

[17] Für nähere Informationen vgl. ebenfalls hier.

4.2 Du-Evidenz, Anthropomorphisierung und Kindchenschema

Karl Bühler war der erste, der den Begriff der ‚Du-Evidenz' in Bezug auf den zwischenmenschlichen Bereich prägte. Seiner Auffassung nach haben Menschen die Fähigkeit und das Bewusstsein, einen anderen Menschen als Individuum, also als ‚Du' wahrzunehmen (vgl. Bühler 1929, passim). Theodor Geiger griff das Konzept der ‚Du-Evidenz' im Jahr 1931 wiederum auf und übertrug es auf die Mensch-Tier-Beziehung. Geiger sah ein individuelles soziales Verhältnis zwischen Mensch und Tier nicht als unmöglich an, machte jedoch einige Einschränkungen. Für ihn unterscheiden sich Mensch und Tier v.a. in ihrer psychischen Struktur, weswegen er eine Du-Evidenz zwischen Mensch und domestiziertem Tier am ehesten für möglich hält. Den meisten Kontakten zwischen Mensch und Tier schrieb er allerdings keinen sozialen Charakter zu, da sie auf einem Jäger-Beute-Verhältnis, einem Ausbeutungsverhältnis oder einer allzu intensiven Vermenschlichung des Tieres beruhen (vgl. ders., S. 286ff.). Teutsch (1975) griff den Gedanken der Du-Evidenz abermals auf, bezog ihn allerdings auch auf nicht domestizierte Tiere und kommunizierte die Möglichkeit einer einseitigen Du-Evidenz (vgl. 41f.). Zur Erklärung von Mensch-Tier-Beziehungen und deren Wirkmechanismen ist dieses Konzept wiederum mehrfach herangezogen worden. Greiffenhagen und Buck-Werner (2009) beschreiben die Du-Evidenz als „die Tatsache, dass zwischen Menschen und höheren Tieren Beziehungen möglich sind, die denen entsprechen, die Menschen unter sich beziehungsweise Tiere unter sich kennen" (S. 22). Laut Autorin ist bei diesem Ansatz nur die subjektive Gewissheit relevant, dass es sich bei der Beziehung um eine Partnerschaft handelt, sie kann also auch einseitig sein (vgl. ebd.). Durch das allgegenwärtige Ich-Bewusstsein des Menschen im Kontrast zur tierischen Selbstwahrnehmung (vgl. S. 24) wird dies bei Mensch-Tier-Beziehungen wohl den Regelfall darstellen.

Für die Entwicklung der Du-Evidenz wird die sozio-emotionale Ebene entscheidend, denn diese wird von persönlichen Erlebnissen, subjektiven Einstellungen und authentischen Gefühlen beeinflusst (vgl. Vernooij/Schneider 2010, S. 8). Erkennbar wird die Du-Evidenz beim Menschen durch die Individualisierung des Tieres, was zumeist schon bei der Namensgebung beginnt. Das Tier ist damit nicht mehr Teil einer anonymen Masse, sondern entwickelt sich in der Wahrnehmung des Namengebenden zum Subjekt, zu einem Familienmitglied, Gefährten und Ansprechpartner mit eigenen Bedürfnissen und Rechten (vgl. Greiffenhagen/Buck-Werner 2009, S. 23). Voraussetzung für die Entwicklung einer Du-Evidenz ist bei den meisten Menschen aber eine gemeinsame Basis von Mensch und Tier, d.h. Körpersprache, Ausdruck, Bedürfnisse, usw. sollten einander entsprechen. Dies ist der Grund, weswegen die meisten Menschen am ehesten mit sozial lebenden Tieren Partnerschaften eingehen, denn diese besitzen die gleichen sozialen und emotionalen Grundbedürfnisse (vgl. Vernooij/Schneider 2010, S. 8). Nach Greiffenhagen und Buck-Werner (2009) ist die Du-Evidenz „die unumgängliche Voraussetzung dafür, dass Tiere therapeutisch und pädagogisch helfen können" (s. S. 24). Diesen Ansatz könnte man wohl auch als positive

Anthropomorphisierung bezeichnen, dem die negative Anthropomorphisierung gegenüber steht. Damit ist die Neigung des Menschen gemeint, Tiere wie Menschen zu behandeln, ihnen menschliche Eigenschaften und Gefühle zuzuschreiben (vgl. Vernooij/Schneider 2010, S. 14). Nach Serpell (1990) und Brockmann (2002) ist sie die Grundlage für den Beziehungsaufbau zwischen Mensch und Tier und daher grundlegend für die Entwicklung von Empathie und Kommunikation (vgl. S. 158 bzw. 131), sowie nach Renfordt (2002) für den Aufbau von sozialen Beziehungen (vgl. S. 149). Jedoch scheinen die Autoren Anthropomorphisierung, also die Vermenschlichung eines Tieres, mit der Du-Evidenz zu verwechseln. Auch Krüger (1934) sieht dies eher kritisch und bemerkt, dass durch Anthropomorphisierung die Eigenarten und Bedürfnisse von Tieren missachtet werden, was meist auf eine Fehlinterpretation ihrer Ausdrucksweise zurückzuführen ist (vgl. S. 11). Russell (1956) sieht zudem die Gefahr in einer Herabsetzung der Hemmschwelle gegenüber dem Tier, besonders im Umgang mit diesem (vgl. S. 29). Daher sollten beim Umgang mit Tieren negative Anthropomorphisierungen vermieden sowie auf die Bedürfnisse und Ansprüche des Tieres eingegangen werden. In diesem Sinne ist den kritischen Stimmen zu folgen, denn eine Übertragung menschlicher, zumeist eigener Bedürfnisse auf Tiere würde diesen nicht gerecht werden und käme einer Du-Evidenz nicht mehr gleich. Das Tier würde nicht als Individuum (Du) wahrgenommen werden, sondern als weiteres oder erweitertes Ich. Die Befriedigung der gedachten tierischen Bedürfnisse wäre lediglich die Erfüllung eigener und die Missachtung tierischer. Damit drückt sich allenfalls ein Egoismus und Egozentrismus aus, der hilfreiche Aspekte einer tiergestützten Pädagogik außer Kraft setzt.

Das Lorenz'sche Kindchenschema soll an dieser Stelle nicht unerwähnt bleiben, da es das Sozialverhalten von Einzelindividuen und sozialen Gruppen anhand von Äußerlichkeiten von Lebewesen erklären kann. Diese äußerlichen Merkmale umfassen einen runden, großen Kopf mit gewölbter Stirn, hervorspringenden, runden Wangen, große, tief liegende Augen sowie kurze und dicke Extremitäten und eine rundliche Körperform mit einhergehender weich-elastischer Oberflächenbeschaffenheit der Haut bzw. des Fells. Sie lösen einen Brutpflegetrieb aus, der schon bei kleinen Kindern und in besonderem Maße bei erwachsenen Menschen beobachtbar ist (vgl. Lorenz 1961, S. 274ff.). Verbunden damit ist der sogenannte ‚Welpenschutz', also der Schutz für die Kleinsten, die im Regelfall diesem Schema entsprechen und zunächst hilflos sind. Sie benötigen im Bedarfsfall die Unterstützung der gesamten Gruppe und lösen bei den Gruppenmitgliedern einen Pflegetrieb und eine Tötungshemmung aus. Dadurch wurde zu früherer Zeit das Überleben des Nachwuchses und damit einhergehend der Fortbestand der Gruppe gewährleistet (vgl. Reichholf

2009, S. 17). Dass dieses Schema noch immer Gültigkeit besitzt, wurde u.a. durch Hückstedt (1965, S. 421-450)[18] empirisch belegt.

Zum einen sind Menschen und Wölfe sich hinsichtlich dieses Verhaltenszuges ähnlich (vgl. Reichholf 2009, S. 19), zum anderen weisen domestizierte Tiere meist Merkmale des Kindchenschemas auf, wodurch die Fürsorgebereitschaft des Menschen bei der Interaktion mit einem Tier aktiviert wird (vgl. Kotrschal 2009, S. 67). Dies wiederum mag in Zusammenhang mit der Du-Evidenz und der Anthropomorphisierung stehen. Jedenfalls sind dies wichtige erste Komponenten einer tier- bzw. hundegestützten Pädagogik, da sie den Aufbau einer Beziehung zwischen Mensch und Tier, in diesem Fall einem Jugendlichen oder Kind mit Verhaltens- und Erlebensstörungen, erst ermöglichen.

4.3 Kommunikation

Watzlawick, Beavin und Jackson beschäftigten sich schon vor rund vierzig Jahren mit der menschlichen Kommunikation und fassten diese in fünf Axiomen zusammen. Ihre Ergebnisse finden mittlerweile auch auf die Mensch-Tier-Beziehung Anwendung und können möglicherweise Aspekte einer funktionierenden sozialen Interaktion zwischen zwei Arten erklären. Watzlawick und Kollegen (2011) geben dazu folgendes an: *„Menschliche Kommunikation bedient sich digitaler und analoger Modalitäten. Digitale Kommunikationen haben eine komplexe und vielseitige logische Syntax, aber eine auf dem Gebiet der Beziehungen unzulängliche Semantik. Analoge Kommunikationen dagegen besitzen dieses semantische Potenzial, ermangeln aber der für eindeutige Kommunikationen erforderlichen logischen Syntax"* (s. S. 78; Hervorh. im Orig.). Die Autoren schreiben der digitalen, d.h. verbalen Kommunikation Vielschichtigkeit und ein hohes Abstraktionsniveau zu, der analogen oder auch nonverbalen hingegen Ursprünglichkeit, Authentizität und Ehrlichkeit. Nur der Mensch kann sich beider Formen bedienen, wobei sie nebeneinander bestehen und einander ergänzen, mit Ausnahme des positiven und negativen Beziehungsbereichs, denn hier findet nur die analoge Kommunikation Anwendung. Die digitale wird nahezu obsolet. Folglich erschließt sich, dass die digitale Kommunikation den Inhaltsaspekt bedient, die analoge den Beziehungsaspekt (vgl. S. 71-76). Störungen in der Kommunikation können sich auf beiden Ebenen ergeben. Auf der analogen dadurch, dass sie keine Wahrheitsfunktionen, also keine Negation, Konjunktion, Alternative, Implikation und Äquivalenz enthält. Zudem weist sie widersprüchliche Doppeldeutungen auf, deren Interpretation dem Empfänger der analogen Botschaft überlassen ist, welcher sich bei der Interpretation wiederum an der Beziehung zum Sender orientiert (vgl. S. 114-119). Auf der digitalen können sich Störungen dadurch ergeben, dass sie Beziehungen nicht klar definieren kann.

---

[18] In dieser Studie wurden 330 männlichen und weiblichen Versuchspersonen verschiedener Altersgruppen schematisierte Profilzeichnungen von Kinderköpfen vorgelegt, bei denen Stirnwölbung und Oberkopfhöhe variierte. Weibliche, mehr als männliche Personen, bevorzugten einen übertriebenen Oberkopf (vgl. an gleicher Stelle).

Beeinträchtigungen können auf beiden Ebenen durch die Übersetzung der einen in die andere Form, sowie bei der Rückübersetzung entstehen, denn dadurch können Informationen verloren gehen (vgl. 77, 119). Außerdem haben Bateson, Jackson, Haley und Weakland einen Artikel zu Doppelbindungsbotschaften verfasst, welcher sich auf die Entstehung von Schizophrenie bezieht. Watzlawick und Kollegen (2011) bedienten sich dessen Inhalts und bezogen ihn auf ihre Theorien zur menschlichen Kommunikation. Demzufolge sind Doppelbindungsbotschaften Aussagen, die Aussagen über sich selbst enthalten, wobei beide sich widersprechen oder gegenseitig ausschließen. Die Bedeutung der Botschaft ist für den Empfänger nicht bestimmbar. Verschärft wird dieser Konflikt durch die enge Beziehung des Empfängers zum Sender, wodurch ersterer sich der Aussage nicht entziehen, sie aber auch nicht kommentieren kann. Die Situation kann durch den Sender verstärkt werden, wenn dieser dem Empfänger keinen Widerspruch erlaubt oder ihm verbietet, die Bedeutung hinter der Aussage herauszufinden (vgl. S. 232ff.).

Die Kommunikationstheorie Watzlawicks, Beavins und Jacksons lässt sich auch auf die Mensch-Tier-Beziehung übertragen. Otterstedt (2001) hält fest, dass bei der Interaktion zwischen Mensch und Tier zwei Arten mit unterschiedlichem Kommunikationsverhalten und unterschiedlichen Kommunikationsmöglichkeiten aufeinandertreffen. Da beide über die analoge Kommunikationsform, aber nur der Mensch auch über die digitale verfügt, nehmen Tiere nur die analogen Anteile der Kommunikation wahr. D.h. über die visuellen, olfaktorischen, taktilen und akustischen Sinne registrieren sie Gestik, Mimik, Tonfall und Lautstärke sowie Körpersprache des Menschen (vgl. S. 169f.). Watzlawick und Kollegen (2011) bestätigen dies, indem sie anmerken, dass einige Tierbesitzer meinen, ihr Tier würde sie sprachlich verstehen. Dies ist jedoch ein Trugschluss, denn Tiere reagieren ausschließlich auf die Analogiekommunikation des Menschen (vgl. S. 73).

Auf die analoge Kommunikation des Menschen folgt eine unmittelbare und eindeutige Reaktion des Gegenübers, also des Tieres, die nach Olbrich (2009) zwei wichtige Faktoren für das menschliche Lernen und für seine Entwicklung darstellen (vgl. S. 118). Olbrich (2003) hält auch fest, dass zwischen Mensch und Tier, also Sender und Empfänger, was beide gleichermaßen sind, die oben aufgeführten Störungen nicht auftreten. Dies trifft v.a. auf die Doppelbindungsbotschaften zu (vgl. S. 87). Schon Bateson et al. bezogen ihre Theorie auf die Entstehung von Schizophrenie und fanden damit u.a. Beachtung in der Psychiatrie (vgl. Watzlawick/Beavin/Jackson 2011, S. 232). Daraus ergibt sich, dass eine gestörte analoge Kommunikation eines Individuums auch seine Beziehungen negativ beeinflussen kann. Dies resultiert möglicherweise schon daraus, dass seine Umgebung nur über eingeschränkte Kompetenzen der analogen Kommunikation verfügt und so die rudimentären analogen Kommunikationsfähigkeiten, die nach Watzlawick und Kollegen (2011) von den frühen tierischen Vorfahren übernommen wurden und daher archaisch sind (vgl. S. 72), nicht weiter ausgebaut werden konnten. Nach Greiffenhagen und Buck-Werner (2009) ist sie im Alltag des modernen Menschen durch die übermäßige verbale Kontaktaufnahme ohnedies rückständig geworden (vgl. S. 48) und nach Olbrich (2009) hat sie durch und bei den Menschen einen Bedeutungsverlust erfahren (vgl. S. 119). Durch die verminderte analoge Kommunikation büßt der Mensch auch seine Authentizität ein, denn inneres Erleben, Bewusstsein und Kommunikation sind nicht mehr aufeinander abgestimmt (vgl. Olbrich 2002, S. 199). Die Interaktion mit einem Tier und die vermehrte Kontaktaufnahme über das analoge Kommunikationssystem können dieses Defizit ausgleichen. Dies befördert wiederum die Stimmigkeit und Ausgewogenheit digitaler und analoger Kommunikation auf Sender- und Empfängerebene sowie in Bezug auf den Inhalts- und Beziehungsaspekt. Selbstkongruenz und die Kongruenz zwischen menschlichen Kommunikationspartnern wird erhöht, Doppelbindungsbotschaften werden eher vermieden (vgl. Olbrich 2003, S. 87). Guttmann, Predovic und Zemaneck (1983) konnten dies anhand einer Studie verifizieren, in der sie Schulkinder zwischen 11 und 16 Jahren gemischten Geschlechts mit und ohne Heimtier Gesichtsausdrücke auf Fotos deuten ließen und zusätzlich die Schüler befragten, wem aus der Klasse sie ein Problem anvertrauen würden und mit wem aus der Klasse sie am ehesten Zeit in den Ferien verbringen wollen würden (vgl. S. 62ff.). Aus dieser Untersuchung ergab sich folgendes Ergebnis: „Die Heimtierhaltung fördert das Verständnis der menschlichen, nichtverbalen Ausdrucksmittel und steigert die Sensibilität für die Aufnahme mimischer Ausdrucksnuancen. Ebenso ist sie der sozialen Integration offensichtlich in so hohem Ausmaß förderlich, daß sich [...] noch am Modell der Schulklasse eine bessere Sozialintegration der Heimtierhalter nachweisen läßt, die auch eine gesichert gesteigerte Kontaktbereitschaft aufweisen" (s. S. 66).

Daraus ergibt sich die Aufgeschlossenheit von Menschen gegenüber Tieren, in diesem Fall Hunden. Wie Vernooij und Schneider (2010) anmerken, haben Tiere keine (vorgefassten) Meinungen, sie nehmen keine kognitiven oder kulturellen Wertungen vor, haben keine Vorurteile und sind echt, ehrlich und situationsbezogen in ihrem Verhalten und Auftreten durch ihre analoge Kommunikationsfähigkeit (vgl. S. 21). Dies wirkt auf den Interaktionspartner Mensch zurück, denn er kann sich seinem Belieben nach verhalten, natürlich mit Rücksicht auf das Tier. Gerade in Bezug auf Kinder und Jugendliche mit Verhaltens- und Erlebensstörungen kann dies hilfreich sein, denn meist erfolgt die Beurteilung des Vorliegens einer Störung nicht durch den Betroffenen selbst, sondern durch eine außenstehende Beobachterperson (s.o.). Eine solche Beurteilung würde ein Hund nicht vornehmen.

4.4 ‚Transitional object' and ‚attentional shift'

Winnicott (1973) bezeichnete Objekte, Worte, Melodien oder Gesten als ‚transitional objects' oder Übergangsobjekte. Sie tragen dazu bei bzw. helfen dem Kind, die Beziehung zur Mutter auf die Außenwelt auszuweiten. Dabei repräsentiert das Übergangsobjekt als zur äußeren Welt gehörig die

Mutter-Kind-Beziehung und wird vom Kind mit subjektiven Inhalten gefüllt, die sich nach seinen Bedürfnissen richten. Dadurch gehört es sowohl zur inneren als auch zur äußeren Welt und wird vom Kind in Momenten der Abwesenheit der Mutter genutzt. Auf diese Weise trägt es zur Entwöhnung bei (vgl. S. 13, 24f.). Winnicott formulierte dazu typische Beziehungsmerkmale der Kinder gegenüber ihren Übergangsobjekten, wie z.b. der Einforderung gewisser Rechte für das Übergangsobjekt oder verschiedene Verhaltensmerkmale gegenüber diesem, die von zärtlich bis aggressiv reichen. Außerdem darf das Übergangsobjekt nur auf Geheiß des Kindes verändert werden und das Übergangsobjekt verliert mit der Zeit an Bedeutung (vgl. S. 14f.). Triebenbacher (1998) untersuchte, ob Tiere, v.a. Haustiere diese Übergangsfunktion bei Kindern einnehmen können und bestätigte die Annahme unter Einbezug der typischen Beziehungsmuster gegenüber Übergangsobjekten. Wobei sie auch feststellte, dass sich Kinder, die kein Haustier hatten, eines wünschten, zumeist einen Hund, und sich bereits ausgemalt hatten, wie dieser aussehen und heißen solle (vgl. 196ff.). Folglich kann das Übergangsobjekt auch durch ein Tier repräsentiert werden und so die Bindung von Kindern zu Tieren erklären. Jedoch erscheint hier die Verhaltensspanne zwischen zärtlich und aggressiv fragwürdig. Da es sich bei einem Tier um ein Lebewesen handelt und nicht um ein Stofftier, kann bzw. sollte von aggressiven Verhaltensweisen abgesehen werden. Auch Veränderungen am Tier können nicht nur auf Geheiß des Kindes hin geschehen und es darf nicht an Bedeutung verlieren, weil das Tier sein gesamtes Leben auf die Betreuung seiner Besitzer angewiesen ist. In gewissem Maße scheint ein Haustier die Mutter-Kind-Beziehung zu ersetzen, aber wohl eher als Freund oder Geschwisterkind.

Wie Bergler (1994) durch Befragungen herausfand, erzählen Kinder v.a. ihren Hunden alles von positiven bis negativen Ereignissen, sowohl in guten als auch in schwierigen Situationen und Phasen (vgl. S. 43, 48, 51). Dies kann auch auf ein Übergangsobjekt zutreffen, aber wie bereits beschrieben, sind die Verhaltens- und Beziehungsmerkmale gegenüber einem Heimtier und einem Übergangsobjekt divergierend und gleichen einander nur in geringem Maße. Nach McCulloch (1983) bezeichnete Levinson Tiere in der Therapie als ‚transitional objects' (vgl. S. 412). Dabei bezog er sich aber sehr wahrscheinlich nicht auf Winnicott, sondern auf die Brückenfunktion von Tieren in einer Therapie. Dabei geht es darum, dass Tiere bzw. Hunde und Menschen in der Therapie frei miteinander interagieren können. Da Tiere keine vorgefertigten Meinungen haben, kann v.a. ein Kind oder Jugendlicher, aber auch Erwachsener sich im Regelfall zunächst besser und leichter auf die Interaktion mit dem Tier einlassen. Ist eine Beziehung zu dem Tier aufgebaut, kann sich der Klient auch leichter für den Pädagogen öffnen. So hat das Tier eine Brücke zwischen Klienten und Pädagogen schlagen können (vgl. Vernooij/Schneider 2010, S. 21).

Ähnlich sieht dies Brickel (1982), der bei seiner Theorie des ‚attentional shift' einen lerntheoretischen Ansatz wählt, der besagt, dass die Anwesenheit eines Tieres in einer angstauslösenden oder bedrohlich wahrgenommenen Situation die Aufmerksamkeit verschieben bzw. verlagern kann, wodurch jene Situation nicht mehr als solche wahrgenommen wird. Durch wiederholte Konfrontation und Ausbleiben der negativen Konsequenz kann das Angstlevel verringert werden und eine Gewöhnung an die Situation eintreten. Seiner Meinung nach eignen sich Tiere besonders gut für den ‚attentional shift' (vgl. S. 71ff.). Diese Theorie scheint v.a. bei Kindern und Jugendlichen mit Verhaltens- und Erlebensstörungen zu greifen, denn das Zusammentreffen mit einem Pädagogen kann durchaus als bedrohliche oder ängstigende Situation wahrgenommen werden, meist hervorgerufen durch frühere Erfahrungen.

Kruger und Serpell (2010) bemängeln jedoch, dass Brickel keine Informationen zur besonderen Eignung von Tieren angibt, also nicht theoretisch begründet, warum sie ablenkend, angsthemmend und entspannend wirken sollen und rekurrieren auf andere Theorien (vgl. S. 38). Dies erscheint sinnvoll, kann doch, wie bereits oben angemerkt, nicht nur eine Theorie als allgemeingültig anerkannt werden. Menschen funktionieren auf physischer und psychischer Ebene, weswegen Theorien, die die positiven Effekte der Mensch-Tier-Beziehungen erklären wollen, versuchen müssen, auf beiden Ebenen zu greifen. Daher müssen die hier erwähnten Theorien als Gesamtkonzept betrachtet werden, welches versucht, verschiedene Aspekte der Mensch-Tier-Beziehung zu erklären.

4.5 Spiegelneurone

Da es sich bei diesem Konzept um einen rein neurophysiologischen Ansatz handelt, soll er an dieser Stelle nur kurz erwähnt und zusammengefasst werden, um die Vollständigkeit der Erklärungsansätze zu gewährleisten[19].

Es gibt handlungssteuernde Nervenzellen oder Neuronen, die über Programme für zielgerichtete Aktionen verfügen und damit handlungsausführenden Nervenzellen vorgeben, welche Muskelbewegung realisiert werden soll. Erstere haben Pläne über komplexe Handlungen bezogen auf Ablauf und geplanten Endzustand gespeichert. Letztere können ohne eine Vorgabe der ersteren Nervenzellen keine Muskelkontraktionen auslösen, die Ausführung ist aber kein Zwang, es kann lediglich bei einem Handlungsgedanken bleiben (vgl. Bauer 2006, S. 17ff.).

Giacomo Rizzolatti, Professor für Physiologie an der Universität Parma (vgl. Rizzollatti/Sinigaglia 2008, Einband), wollte jene handlungssteuernden Nervenzellen bei Affen untersuchen, wobei er auf Spiegelneurone stieß. Sein Ziel war die Ortung eines Handlungsneurons, welches dann feuerte, wenn

---

[19] Für nähere Informationen bzgl. des Spiegelneuronensystems wird auf Bauer (2006) „Warum ich fühle, was du fühlst. Intuitive Kommunikation und das Geheimnis der Spiegelneurone" für die leichtere Verständlichkeit bzw. Rizzolatti und Sinigaglia (2008) „Empathie und Spiegelneurone. Die biologische Basis des Mitgefühls" für eine umfassendere Verständlichkeit verwiesen.

der Affe eine bestimmte Handlung selbst ausführte. Jedoch feuerte es ebenso, wenn der Affe diese bestimmte, zuvor selbst ausgeführte Handlung nur bei einem Versuchsleiter beobachtete (vgl. Bauer 2006, S. 22f.). Es gab scheinbar eine neurobiologische Resonanz: „Die Beobachtung einer durch einen anderen vollzogenen Handlung aktivierte im Beobachter, in diesem Fall dem Affen, ein eigenes neurobiologisches Programm, und zwar genau das Programm, das die beobachtete Handlung bei ihm selbst zur Ausführung bringen könnte. Nervenzellen, die im eigenen Körper ein bestimmtes Programm realisieren können, die aber auch dann aktiv werden, wenn man beobachtet oder auf andere Weise miterlebt, wie ein anderes Individuum dieses Programm in die Tat umsetzt, werden als Spiegelneurone bezeichnet" (s. ders., S. 24). Resonanz meint hier das Schwingen oder Erklingen von etwas. Spiegelneurone bewerkstelligen dies, indem zum einen sozial verbindende Vorstellungen untereinander ausgetauscht und zum anderen im Gehirn des Gegenübers aktiviert und mittels einer inneren Simulation bzw. emotionalen Rekonstruktion spürbar werden. Auf diese Weise ist emotionales Verständnis und Empathie möglich. Diese Resonanz ist spontan, unwillkürlich und nicht an kognitive Prozesse gekoppelt (vgl. ders., S. 17, 51, 56). Zudem erfolgt der Nachvollzug einer Handlung eines Anderen meist ohne Reflexion und Attribution (vgl. Zaboura 2009, S. 60).

Viele Forscher sehen darin eine Möglichkeit zur Erklärung der positiven Effekte von Mensch-Tier-Beziehungen. Beetz glaubt, dass bereits die ‚joint attention', also „das spontane Einschwenken auf einen gemeinsamen Aufmerksamkeitsfokus" (s. Bauer 2006, S. 55), für eine Übertragbarkeit des Systems der Spiegelneurone auf Mensch-Tier-Beziehungen spricht. Sie führt dies in Bezug auf Hunde und ihre Besitzer an, die ihre Blickbewegungen meist auf die gleiche Weise ausrichten (vgl. Beetz 2006, S. 1). Die ‚joint attention' ist nach Bauer (2006) eine der wichtigsten Bedingungen für den Aufbau emotionaler Bindungen, denn die Aufmerksamkeit für die Blicke anderer Lebewesen zeigt sich als wesentliche Voraussetzung für die Einschätzung der jeweiligen Situation sowie für den Nachvollzug der Gedanken, Intentionen und Handlungsabsichten der beobachteten Personen (vgl. S. 55). Die Übertragbarkeit dieses Systems ist aber noch nicht wissenschaftlich erforscht und beruht nur auf einer Annahme (vgl. Vernooij/Schneider 2010, S. 13).

Offensichtlich kommen bei der Aktivität der Spiegelneurone nur zwei Sinne zum Einsatz, und zwar der visuelle und der auditive. In der Mensch-Tier-Beziehung sind dies wichtige Sinne, die Mensch und Tier dazu befähigen, gegenseitige Empathie zu verspüren bzw. zu vermitteln. Spiegelneurone können daher erklären, warum Menschen sich durch Tiere, v.a. Hunde, verstanden fühlen. Jedoch werden beim Hund nicht nur Spiegelneurone für empathische Reaktionen aktiv, sondern auch seine Sinne, v.a. der Geruchssinn, der bei Hunden sehr viel ausgeprägter ist, als beim Menschen (vgl. Kuhn 2012, S. 114). In der tierischen Intervention kann dieses System folglich nutzbar gemacht werden, sollte es sich übertragen lassen.

4.6 Bindung

Die Bindungstheorie nach Bowlby, die generell nicht für Mensch-Tier-Beziehungen entwickelt wurde, soll an dieser Stelle zunächst kurz erläutert werden. Danach erfolgt eine Diskussion darüber, ob diese Theorie auch auf die Mensch-Tier-Beziehung übertragen werden kann.

Es wird angenommen, dass sich das Bindungsverhaltenssystem zeitgleich mit der Entwicklung des Menschen im zentralen Nervensystem verfestigte. Zur damaligen Zeit, etwa vor 10.000 Jahren, war es für den Arterhalt überlebensnotwendig, den Nachkommen altruistische Pflege zukommen zu lassen. Für das Kind bedeutete das wiederum, eine Bezugsperson zu haben, die prompt und effektiv auf seine Bedürfnisse eingeht, da Kinder zunächst auf die Fürsorge der Eltern angewiesen sind (vgl. Bowlby 2009[20], S. 22f.). Da es sich bei der ersten Dauerbezugsperson im Regelfall um die Mutter handelt, bezieht sich die Bindungstheorie vorwiegend auf die Mutter-Kind-Bindung. Das Bindungsverhaltenssystem ist ein Steuerungssystem, das die Beziehung eines Bindungssuchenden zu einem Bindungsgebenden innerhalb bestimmter Entfernungs- und Verfügbarkeitsgrenzen aufrechterhält. Es wird durch unsichere Situationen, mit denen das Kind allein noch nicht umgehen kann und in die es sich z.B. durch sein natürliches Explorationsverhalten begibt, aktiviert und durch Rückversicherung des Bindungsgebenden beendet. Es bezieht zunächst Informationen ein, die das Kind in seiner ersten Lebenszeit über sich selbst und seine Bezugsperson sammeln konnte. Bereits nach einem Jahr ist ein solches Wissen bei Kindern ersichtlich. In den folgenden Jahren wird dieses Wissen in inneren Arbeitsmodellen organisiert, welche Entwürfe über das Selbst und die Bezugsperson beinhalten. Deren Funktion ist das Simulieren von Ereignissen in der Realität, womit das eigene Verhalten einsichtig und vorausschauend geplant werden kann (vgl. ebd.). „Je adäquater und zutreffender diese Simulation ist, desto besser angepaßt ist das darauf beruhende Verhalten" (s. ebd.). Auch die Bezugsperson kann auf ein solches Arbeitsmodell zurückgreifen und so ergänzen sich die jeweiligen Arbeitsmodelle von Bezugsperson und Kind im Sinne von Bindungsverhaltens- und Pflegeverhaltenssystem und beeinflussen auf unbewusster Ebene ihr Verhalten zueinander. Bowlby bezeichnet dies als ‚Interaktionsmuster' und hält fest, dass diese zur Stabilität neigen (vgl. ders., S. 23f.).

Zwischen Bezugsperson und Kind lassen sich nun drei bzw. vier Bindungsmuster unterscheiden, die sich durch die von Mary Ainsworth entwickelte Methode der ‚Fremde-Situations-Test'[21] herausstellen lassen. Welches Bindungsmuster bei einem Kind zu finden ist, hängt in hohem Maße von dem Verhalten der Bezugspersonen gegenüber dem Kind ab (vgl. Bowlby 2009, S. 24). Die Bindungstypen

---

[20] Zusammenfassung eines Vortrages von 1989.

[21] Bei der ‚Fremden Situation' handelt es sich um ein Verfahren, bei dem zwischen Bezugsperson und Kind, welches mindestens ein Jahr alt sein sollte, kurze Trennungen stattfinden und eine fremde Frau mit dem Kind zwischenzeitlich interagiert. Die Art und Weise der Interaktion des Kindes mit der Mutter nach den Trennungen lässt auf einen bestimmten Bindungstyp schließen (vgl. Bowlby 1989, S. 24).

lassen sich zunächst in die drei Grundmuster sicher, unsicher-ambivalent und unsicher-vermeidend gebunden kategorisieren (vgl. ebd.). Ein vierter, der unsicher-desorganisiert gebundene Typ, wurde erst im Nachhinein gefunden und ist noch wenig erforscht (vgl. Fremmer-Bombik 2009, S. 116). Bei der sicheren Bindung lässt sich das Verhalten der Bezugspersonen bezogen auf das Kind als empathisch, sensibel, verfügbar, verlässlich und hilfsbereit beschreiben. In Situationen, die für das Kind unbekannt bzw. bedrohlich sein können, wie die ‚Fremde Situation', kann sich das Kind auf dieses Wissen verlassen und dementsprechend seine Umwelt explorieren (vgl. Bowlby 2009, S. 24f.).

Beim unsicher-ambivalenten Bindungstypus treffen die oben genannten Verhaltensweisen der Bezugspersonen in nur manchen Situationen zu, weswegen sie als unberechenbar gelten und das Kind zu Trennungsangst neigt, oft klammert und in der Exploration der Umwelt eher ängstlich erscheint (vgl. Bowlby 2009, S. 25.).

Beim unsicher-vermeidenden Bindungsmuster kann das Kind gar nicht auf die oben genannten Verhaltensweisen vertrauen, sondern muss überwiegend mit Zurückweisung rechnen, weswegen es der Bezugsperson vermeidend gegenübertritt, um diese Zurückweisung nicht mehr erleben zu müssen (vgl. Bowlby 2009, S. 25).

Der vierte Bindungstyp, das unsicher-desorganisierte Modell, zeichnet sich durch eine Widersprüchlichkeit im Bindungsverhalten des Kindes aus. Es wird angenommen, dass die Bezugsperson durch unverarbeitete, möglicherweise traumatische Erlebnisse das Bindungssystem aktiviert hält und daher das eigene Pflegeverhalten nicht adäquat Anwendung finden kann. Deren bindungssuchende Kinder können aufgrund dessen keine Bindungsstrategie entwickeln und es in einem inneren Arbeitsmodell abbilden. Zu späterer Zeit entsteht meist eine Rollenumkehr, d.h. das Kind steht der Bezugsperson kontrollierend gegenüber (vgl. Fremmer-Bombik 2009, S. 116f.).

Das Bindungsmuster ist nach Bowlby (2009) in hohem Maß für die psychische Entwicklung bzw. Gesundheit des Kindes verantwortlich (vgl. S. 20).

An dieser Stelle ist nun zu fragen, ob diese Bindungsmuster auch auf die Mensch-Tier-Beziehung übertragen werden und so die Effekte von Interaktionen zwischen Menschen und Tieren erklären können. Collis und McNicholas (1998) haben einen direkten Transfer der Mutter-Kind-Bindung auf die Mensch-Tier-Beziehung versucht, wobei die asymmetrische Beziehung der jeweiligen Bindungspartner zunächst für diese Übertragung sprach. Jedoch erwies sich dies als Trugschluss, denn das Kind als kognitiv geringer entwickeltes Wesen ist an seine Bezugsperson gebunden und erhält von ihr jegliche Unterstützung, deren es zur gesunden Entwicklung bedarf. Bei der Mensch-Tier-Beziehung gestaltet sich dies anders, denn das kognitiv höher entwickelte Wesen Mensch baut eine Bindung zu dem kognitiv geringer entwickeltem Wesen Tier auf und holt sich die Zuneigung, die er braucht (vgl. S. 113f.). Endenburg (1995) wählt einen anderen Ansatz und nimmt an, dass vor allem Erfahrungen und Beziehungen zu Tieren dazu beitragen, innere Arbeitsmodelle über

Beziehungen zu Tieren aufzubauen. Dieser Ansatz ist auf eine Studie zurückzuführen, bei der herausgestellt wurde, dass Tiere für viele Tierbesitzer ein Gefühl der Sicherheit vermitteln und sie auch zu späterer Zeit meist noch die gleiche tierische Spezies und Rasse wie zuvor bevorzugen (vgl. S. 86ff.). Der letztgenannte Gedanke scheint sinnvoller zu sein und kann mitunter auch erklären, warum manche Menschen manchen Tieren gegenüber eher vermeidend bzw. ängstlich auftreten. Aber auch, warum gerade in Bezug auf demenzkranke Menschen das Konzept der tiergestützten Interventionen angewendet wird. Tiere können gerade hier positive Erinnerungen auslösen (vgl. Wesenberg 2014, S. 146). In Zusammenhang mit Kindern und Jugendlichen mit Verhaltens- und Erlebensstörungen kann ein Tier bzw. ein Hund zum einen dazu beitragen, ein sicher gebundenes Beziehungsmuster zu Hunden aufzubauen. Dies kann dadurch gefördert werden, dass der Hund zuvor eine Ausbildung erhielt und dementsprechend ruhig auf den neuen Menschen reagiert. Zum anderen kann ein solches inneres Arbeitsmodell aktiviert werden, wenn das Kind oder der Jugendliche bereits zuvor einen Hund besaß und ein gutes Verhältnis zu diesem aufbauen konnte.

Beetz et al. (2011) untersuchten in einer Studie das Stresslevel von unsicher gebundenen Kindern während eines stressauslösenden Tests. Die Forscher gehen davon aus, dass Stress und Bindung korrelieren, d.h. der Mensch ein soziales Wesen ist und Stressreduktion daher am besten durch positive soziale Interaktion gelingt. Bei unsicher gebundenen Kindern ist eine solche positive soziale Interaktion zumeist nicht gegeben, weswegen sie auf andere Mechanismen zur Stressreduktion zurückgreifen müssen. Erschwerend kommt hinzu, dass sie die durch die Dauerbezugspersonen erlernten Bindungsmodelle meist auf andere menschliche Beziehungen übertragen. Dies macht Interaktion und Hilfe schwierig. Jedoch kann angenommen werden, dass Kinder diese Muster nicht auf Hunde übertragen, d.h. Hunde kommen für unsicher gebundene Kinder als Bindungspartner in Frage und können auf diese Weise bindungsrelevante Funktionen erfüllen, wie z.B. die der Stressreduktion. Dafür wurden bei der o.g. Studie 31 Jungen mit einem unsicheren Bindungsmuster einem stressauslösenden Test unterzogen. In dieser Situation wurden den Versuchspersonen entweder eine freundlich wirkende Person, ein Kuscheltierhund oder ein echter Hund zur Seite gestellt. Alle durften mit der Person, dem Hund oder dem Kuscheltier interagieren. Zwischenzeitlich wurde die Testsituation per Video aufgenommen und es wurden öfters Speichelproben genommen, um den Kortisolspiegel zu messen. Das wichtige Ergebnis an dieser Studie war, dass gerade unsicher gebundene Kinder den größten stressreduzierenden Effekt durch den lebenden Hund hatten. Das Ergebnis fiel noch besser aus, wenn die Kinder mit dem Hund interagierten (vgl. S. 350ff.).

Diese Studie bestätigt also die Annahme Endenburgs, dass Menschen eigene, von Beziehungen zu Menschen unabhängige innere Arbeitsmodelle über Beziehungen zu Tieren aufbauen und bietet zusätzlich einen weiteren Grund, pädagogische Interventionen durch einen Hund begleiten zu lassen.

4.7 Biochemische Funktionen von Oxytocin

Im Folgenden wird auf einen biochemischen Ansatz zur Erklärung der positiven Effekte von Mensch-Tier-Beziehungen eingegangen, welcher das Bindungshormon Oxytocin und dessen Wirkung näher beleuchtet.

Oxytocin ist ein Nanopeptid, welches über verschiedene Wege in den Blutkreislauf gelangen kann und sowohl prosoziales Verhalten stimuliert, Angst reduziert, die Schmerzschwelle erhöht sowie ein Gefühl der Ruhe induzieren kann. Es kann durch intensive und auch weniger intensive sensorische Stimulation freigesetzt werden und senkt Blutdruck und Kortisolspiegel, optimiert aber auch die Energieeffizienz der Verdauung und fördert Wachstum und Erholung. Auch Lern- und Heilungsprozesse werden gefördert. Die Nervenfasern, die Oxytocin enthalten, gelangen in Hirnbereiche, die für das Sozialverhalten, Angst, Stress, Schmerz, Ruhe, Wohlbefinden, Gedächtnis und Lernen zuständig sind (vgl. Julius et al. 2014, S. 83). Es wird v.a. dann ausgeschüttet, wenn eine Person mit einer von ihr als freundlich und vertrauenswürdig wahrgenommenen Person interagiert, besonders bei Körperkontakt (vgl. Julius et al. 2013, S. 164).

Julius et al. (2014) fassen zusammen, dass Oxytocin bei Mensch und Säugetier die gleichen Effekte, sprich eine integrative Funktion bei der Regulation des Sozialverhaltens, der Entspannung und Ruhe, des Wachstums, der Schmerzschwelle und der Aktivität der Stresssysteme hat (vgl. S. 90). Daher liegt es nahe, auf das Hormon Oxytocin abzustellen, wenn es um die positiven Effekte von Mensch-Tier-Beziehungen geht. Und tatsächlich fanden Odendaal (2000, S. 275ff.), Odendaal und Meintjes (2003, S. 296ff.), Miller et al. (2009, S. 31ff.), Handlin et al. (2011, S. 301ff.) und Nagasawa et al. (2009, S. 434ff.) erhöhte Oxytocin-Spiegel, nachdem Menschen entweder mit ihren eigenen oder mit fremden Hunden interagierten. Jedoch weisen Julius et al. (2014) darauf hin, dass bei diesen Studien die gemessenen Oxytocin-Spiegel möglicherweise auch andere Substanzen repräsentieren, da die gewählten Messverfahren auch andere als Oxytocin erheben können (vgl. S. 105). Zusammenfassend lässt sich jedoch sagen, dass der Oxytocin-Spiegel desto höher ist, je intensiver und besser die Beziehung zwischen Mensch und Tier ist. Daraus ergeben sich Effekte wie vermehrte soziale Interaktionen, bessere Gesundheit, verbesserte empathische Fähigkeiten, reduzierte Furcht und Ängstlichkeit, erhöhtes Vertrauen, mehr Ruhe, aufgehellte Stimmung und reduzierte Depression, bessere Schmerzbewältigung, reduzierte Aggression und Antistresseffekte (vgl. S. 104).

In Bezug auf Kinder und Jugendliche mit Erlebens- und Verhaltensstörungen sehen Julius et al. (2013) die positiven Effekte einer tiergestützten Intervention v.a. in der stressreduzierenden Wirkung, der geringeren sozialen Ängstlichkeit, der gesteigerten Empathie und dem höheren Vertrauen in Andere, was sich zum einen positiv auf die Fähigkeit und Bereitschaft, sozial angemessen zu interagieren auswirkt und zum anderen durch Oxytocin indiziert ist. Dafür untersuchten sie das Sozialverhalten von unsicher gebundenen Kindern nach einem Empathietraining mit und ohne Meerschweinchen. Anhand des Verhaltens wurde geschätzt, ob sich der Oxytocinspiegel erhöhte oder nicht. Zusätzlich wurden Speichelproben zur Messung des Kortisolspiegels zu verschiedenen Zeitpunkten genommen. Bereits am Kortisolspiegel ließ sich ablesen, dass das Stresslevel der tiergestützten Gruppe durch die Interaktion mit dem Tier signifikant sank. Zusätzlich ließ sich ein prosozialeres Verhalten dieser Kinder feststellen. Sie weisen auch darauf hin, dass die Ergebnisse bei einer ähnlichen Studie mit Hund signifikanter waren, als bei derjenigen mit Meerschweinchen. Zudem führen sie ihre Ergebnisse darauf zurück, dass zwischen Bindung und Oxytocinausschüttung eine Kausalität besteht. Gerade unsicher gebundene Kinder haben ihre Bezugspersonen als zurückweisend, unzuverlässig oder gefährlich erlebt und übertragen dies auf neue Bezugsfiguren, weswegen ihnen die Annahme von sozialer Unterstützung schwer fällt oder unmöglich ist. Oxytocin gewinnt in diesem Bezug eine wichtige Funktion, da es ausgeschüttet wird, wenn eine positive Bindung besteht und es hat verschiedene, bereits beschriebene Wirkungen auf die Physis. Kann ein Kind sich also nicht auf soziale Unterstützung eines Menschen einlassen, weil die entsprechende Bindung nicht gegeben ist, können auch die oxytocininduzierten Wirkungen nicht eintreten. Da die Übertragung des Bindungsverhaltens jedoch erwiesenermaßen nicht auf Tiere zutrifft, räumen sie tiergestützter Intervention eine hohe Zweckmäßigkeit ein (vgl. S. 160ff.).

4.8 Zusammenfassung

An dieser Stelle sollen die oben angeführten Theorien zusammengeführt und ergänzt werden, um die positiven Wirkeffekte der Mensch-Hund-Beziehung auf die pädagogische Arbeit mit Kindern und Jugendlichen mit Verhaltens- und Erlebensstörungen zu übertragen und aufzuzeigen.

Allem voran geht in der derzeitigen Diskussion die Biophilie-Hypothese, die allerdings empirischer Nachweisbarkeit entbehrt und in jedem Menschen auf eine der oben genannten Weisen Ausdruck findet. Sie bildet gewissermaßen die Grundlage, um überhaupt ein Gefühl für Natur und Lebewesen zu entwickeln bzw. zu haben. Die Theorien zur analogen Kommunikation, Bindung, den Spiegelneuronen und Oxytocin ergänzen einander und können sowohl Verhaltens- und Erlebensstörungen erklären, als auch das Verhältnis zwischen Mensch und Hund. Für Verhaltens- und Erlebensstörungen wurden bereits oben Erklärungsansätze geliefert, aber Störungen in Bezug auf die analoge Kommunikation oder die Bindung zwischen Kind und Bezugsperson(en), beruhend auf dem Spiegelneuronensystem im Sinne einer Imitation oder auf Oxytocin im Sinne einer unsicheren Bindung können hier ebenfalls als Erklärungsmuster herangezogen werden. Folglich scheint es nahe zu liegen, die Störungen, die an diesen Stellen vorliegen können, mittels eines Hundes und eines Pädagogen aufzuarbeiten. Wichtig scheint dabei die Beziehung zwischen Hund und Klienten zu sein, damit der Klient von einer hundegestützten Pädagogik profitieren und diese wiederum in der Pädagogen-Klienten-Konstellation positiv genutzt werden kann. Zum einen könnte das positive innere Arbeitsmodell bezogen auf den Hund auf den Pädagogen übertragen werden. Zum anderen kann der Hund entweder als Übergangsobjekt bzw. Brücke oder als ‚attentional shift' nutzbar gemacht werden, wodurch der Klient sich besser auf die Arbeit mit dem Pädagogen einlassen kann. Bezogen auf Kinder und Jugendliche mit Verhaltens- und Erlebensstörungen soll noch einmal nachdrücklich erwähnt werden, dass der Hund als ‚rechte Hand' des Pädagogen fungiert. Er soll ermöglichen, dass der Klient sich dem Pädagogen anvertraut und sich ihm gegenüber öffnet. Durch die obigen Erläuterungen wird deutlich, warum sich gerade Tiere, in diesem speziellen Fall Hunde, besonders für die pädagogische Arbeit mit Kindern und Jugendlichen eignen. Durch die Biophilie-Hypothese wird erklärt, dass Menschen eine grundsätzliche Neigung hin zur Natur haben. Aufgrund des Kindchenschemas der heutigen domestizierten Hunde neigen Menschen im Regelfall dazu, mit dem Hund zu interagieren. Kinder und Jugendliche mit Verhaltens- und Erlebensstörungen werden in besonderem Maße durch den Hund angesprochen, weil dieser ohne Voreingenommenheit auf einen Menschen zugeht. Gerade diese Klientel wird sehr wahrscheinlich mehrheitlich vorurteilhafte Erfahrungen gesammelt haben. Dies beginnt bereits durch die Beurteilung als ‚verhaltens- und erlebensgestört', was meist durch einen Beobachter geschieht, mit dem das Kind oder der Jugendliche (sehr) oft interagiert (hat). Diese Erfahrung setzt sich meist fort, indem diese Beurteilung, einmal ausgesprochen, durch Außenstehende weitergegeben wird. Es ist ein Stigmatisierungsprozess, d.h. ein von außen zugeschriebenes Merkmal, welcher durch einen Hund unterbrochen werden kann. Aber auch frühere negative Bindungserfahrungen können in diesem Fall ausschlaggebend sein. Der Klient wird sich durch den Hund angenommen fühlen und gerne mit ihm interagieren, d.h. er baut eine Beziehung zu dem Hund auf. Dieser Beziehungsaufbau ist grundlegend für die Arbeit des Pädagogen. Schon kurze Interaktionen scheinen positive Wirkungen auf den Klienten haben zu können. Durch die Du-Evidenz wird erklärt, dass der Klient den Hund als Individuum wahrnimmt und so eine Bindung zwischen beiden entstehen kann. Die analoge Kommunikation erklärt, wie ein Hund auf den Menschen reagiert und wie beide miteinander kommunizieren. Da die menschliche Gesellschaft überwiegend digital kommuniziert, wird der Klient dies auch in Bezug auf den Hund zunächst versuchen. Die Fähigkeit zur analogen Kommunikation stellt sich im Laufe der Zeit ein und dies auf eine unbewusste Art und Weise. Jedoch wird sie den Klienten befähigen, auch mit anderen Menschen analog kommunizieren zu können bzw. wird sein Auftreten an Authentizität gewinnen, denn analoge und digitale Kommunikation werden stimmiger. Spiegelneurone können erklären, warum der Mensch sich durch den Hund angenommen und verstanden fühlt. Denn, genauso wie der Mensch, besitzt sehr wahrscheinlich jedes Lebewesen Spiegelneurone in mehr oder weniger ausdifferenzierter Weise. Auch der Hund wird welche besitzen.

Hinzu kommt, dass der Hund über ausgeprägte Sinne verfügt, die ihn meist schon, bevor der Mensch sich dessen gewahr wird, spüren lassen, wie es dem Menschen geht. Spiegelneurone werden diese Wahrnehmung beim Hund unterstützen, auch wenn die Skala der Wahrnehmung des Wohlbefindens des Menschen möglicherweise nur von gut bis schlecht reicht. Dem Menschen gibt die Reaktion des Hundes ein Gefühl des Nachfühlens bzw. der Empathie.

Das Interagieren mit dem Hund, was vom einfachen Streicheln bis zum ausgelassenen Spielen reichen kann, regt den menschlichen Körper zur Oxytocinausschüttung an, was zum einen das Stresslevel senkt und zum anderen das prosoziale Verhalten steigert. Auf diese Weise kann der Klient mit dem Hund eine Beziehung aufbauen, die er in einem internen Arbeitsmodell abspeichert. Da Hunde in ihrem Verhalten konsistent sind, also immer auf die gleiche Weise dem Klienten begegnen, kann letzterer sich darauf verlassen, dass die Reaktionen des Hundes, je nach Befindlichkeit des Klienten, dieselben sind. Diese Verlässlichkeit trägt dazu bei, eine sichere Bindung zu dem Hund zu internalisieren.

Die Einbeziehung des Pädagogen ist eine wichtige Voraussetzung für eine gelingende Intervention. Der Klient wird den Pädagogen schon durch den Hund als dessen Besitzer anders wahrnehmen. Wenn die pädagogische Intervention in der Wahrnehmung des Klienten in den Hintergrund rückt und vordergründig die Interaktion mit dem Hund wahrnimmt, die ihm Freude bereitet und entspannt, wird er sich mehr auf die Interaktion mit dem Pädagogen einlassen, als wenn kein Hund anwesend wäre. Daher scheinen Interventionen bei Kindern und Jugendlichen mit Verhaltens- und Erlebensstörungen, die einen Hund mit einbeziehen, eine hilfreiche Möglichkeit darzustellen, diesen Klienten eine erfolgreiche Hilfe und Unterstützung zu bieten. Dies scheint v.a. dann zuzutreffen, wenn vorherige Interventionen erfolglos waren.

5. Fazit

Die vorliegende Arbeit sieht die Aufgabe der Pädagogik darin, Kindern und Jugendlichen die bestmöglichen Entwicklungschancen zu ermöglichen. Dies scheint durch hundegestützte Interventionsmaßnahmen bei Kindern und Jugendlichen mit Verhaltens- und Erlebensstörungen gelingen zu können, denn ‚Pädagogik' meint die reflektierende, forschende Auseinandersetzung mit Theorien der Erziehung und Bildung, sowie der Praxis, bei dem die Wertvorstellungen, Ziele und Methoden und deren Entwicklung, sowie die Institutionen und die Qualifizierung pädagogischen Fachpersonals ebenso eine Rolle spielen (vgl. Vernooij/Schneider 2010, S. 74). Dabei sind drei Aspekte von grundlegender Bedeutung, nämlich der anthropologische, der sich mit der Frage beschäftigt, wer bzw. was der Mensch ist; der teleologische, der versucht, die Frage nach dem, was bzw. wie der Mensch werden soll, zu beantworten; und der methodologische, welcher fragt, wie Erziehung bzw. eine Intervention gestaltet sein muss, um Hilfe und Unterstützung zu bieten (vgl. Böhm 2005, S. 480).

Nach teleologischem Aspekt soll der Heranwachsende „dazu befähigt werden, unter Ausschöpfung seines genetischen Potentials, eingebettet in ein gesellschaftliches Ganzes, selbständig und selbsttätig, vor dem Hintergrund der realen Gegebenheiten sein Leben zu gestalten unter eigener Zielsetzung, mit eigenen Strategien und bezogen auf eigene Interessen und Bedürfnisse" (s. Vernooij 1989, S. 68). Um dies durch pädagogische Maßnahmen umsetzen und erreichen zu können, gibt es vier Orientierungsprinzipien, die für das pädagogische Handeln leitend sind. Im Einzelnen sind dies die Entwicklungsorientierung, welche sich an dem aktuellen Entwicklungsniveau des Individuums orientiert und das Fortschreiten der Entwicklung zum Ziel hat; die Ressourcenorientierung, die vorhandene Ressourcen des Individuums erkennen und diese fördern, aber auch Fehlentwicklungen korrigieren soll; die Bedürfnisorientierung, welche an den aktuellen als auch den zukünftigen Bedürfnissen des Kindes ausgerichtet ist: und nicht zuletzt die Autonomieorientierung, bei der Selbstständigkeit im Denken und Handeln, Eigenverantwortlichkeit, Handlungsfähigkeit in jeglicher Form und relative äußere und innere Unabhängigkeit gefördert werden sollen (vgl. Vernooij 2005, S. 48f.).

Hunde bieten bei der pädagogischen Arbeit mit Kindern und Jugendlichen mit Verhaltens- und Erlebensstörungen eine Unterstützung für die Bildung von Selbstständigkeit, Selbstsicherheit, Klarheit und Kongruenz, denn sie reagieren immer authentisch und nehmen Unsicherheit, Selbstzweifel und Unstimmigkeiten im menschlichen Gegenüber wahr und spiegeln dies in ihrem Verhalten und durch ihre Körpersprache wider. Mithilfe des Hundes können Betroffene lernen, Verantwortung für sich und ihr Handeln zu übernehmen, selbstsicher und selbstbestimmt aufzutreten, wieder authentisch und stimmig mit sich selbst zu werden und eigenverantwortliche

Entscheidungen zu treffen und zu handeln. Hunde in der Hundegestützten Pädagogik unterstützen demnach die pädagogischen Orientierungsprinzipien (vgl. Vernooij/Schneider 2010, S. 77).

Für den Pädagogen kann die Reaktion des Kindes oder Jugendlichen auf den Hund zusätzlich Aufschluss über dessen Gedankengänge, Verhaltensmuster und dessen Familienkonstellation geben (vgl. Kuhn 2012, S. 41).

Auf die vorliegende Arbeit bezogen wurde zunächst geklärt, wie abweichendes Verhalten bei Kindern und Jugendlichen zu bezeichnen ist, wobei sowohl das äußere Verhalten als auch das innere Erleben von besonderer Wichtigkeit sind und es sich nicht nur um externalisierende Störungen, sondern auch um internalisierende handelt, wurde auf verschiedene Theorien zur Erklärung von Verhaltens- und Erlebensstörungen eingegangen.

Sowohl die Medizin, als auch die Psychologie, Soziologie und andere wissenschaftliche Disziplinen bieten Begründungen für die Entstehung der genannten Störungen an. Jede kann auf ihre Weise zur Verbesserung des pädagogischen Umgangs mit dem entsprechenden Klientel beitragen, einige ermangeln allerdings einer empirischen Grundlage und sind daher nur bedingt brauchbar.

Die Verbreitung von Verhaltens- und Erlebensstörungen, wovon etwa ein Sechstel aller Kinder und Jugendlichen betroffen sind, wobei die Störungen unterschiedlichen Ausmaßes sind, zeigt auf, wie wichtig es ist, zu handeln, auch wenn gezeigt werden konnte, dass diese Zahl über Jahre hinweg konstant geblieben ist.

Auch der Frage, was hundegestützte Pädagogik eigentlich ist, und wie sie sich gestalten kann, wurde nachgegangen. Hier haben sich zwei Konzepte als erfolgreich erweisen können, wobei ein Ansatz auf jeden Menschen mit und ohne Beeinträchtigungen ausgerichtet ist und die Beeinträchtigungen keine Einschränkung kennen. Das andere ist speziell für Kinder und Jugendliche mit Verhaltens- und Erlebensstörungen entwickelt worden. Jedoch können sich beide, je nach Fall, als nützlich erweisen und keines sollte vernachlässigt werden.

In der Ausführung der theoretischen Konzeptionen, welche positive Wirkeffekte der Mensch-Hund-Beziehung erklären und sich in der Arbeit mit Kindern und Jugendlichen mit Verhaltens- und Erlebensstörungen als nützlich erweisen können, zeigte die Biophilie-Hypothese nach Wilson und Kellert keine speziellen Wirkeffekte, die nachweisbar wären, sondern erwies sich maximal als Fundament für darauf aufbauende Theorien. Die Du-Evidenz und das Kindchenschema konnten zumindest die menschliche Hinwendung zu einem Hund erklären, der bspw. in einem pädagogischen Setting anwesend ist. Sie sind auch die Grundlagen für weitere positive, in der pädagogischen Arbeit nutzbare Wirkmechanismen. Durch die Du-Evidenz nimmt das Gegenüber den Hund als Individuum wahr und durch die Namensgebung wird dies verstärkt. Mittels Kindchenschema des Hundes, der auf diese Weise als ‚niedlich' wahrgenommen wird, möchte das Kind oder der Jugendliche überhaupt mit dem Tier Kontakt aufnehmen. Mit Bezug auf die Bindungstheorie lässt sich erklären, wie Kinder und

Jugendliche in einer hundegestützten Interventionsmaßnahme die Beziehung zu dem Hund internalisieren, d.h. ein inneres Arbeitsmodell über die Beziehung zu dem Hund aufbauen, welches im Optimalfall vertrauensvoll und verlässlich ist. Hunde können hier eine Brücke zwischen Klienten und Pädagogen aufbauen, denn meist sind die Bindungsmuster der Kinder oder Jugendlichen zu den ersten Dauerbezugspersonen unsicher, d.h. nicht vertrauensvoll und verlässlich (gewesen). Dies wird von den Kindern und Jugendlichen auch auf andere Erwachsene übertragen, also auch auf den Pädagogen. Hinzu können schlechte Erfahrungen mit vorherigen anderen Betreuungspersonen kommen, die das Kind oder den Jugendlichen in seinen negativen Erwartungen bestätigt haben. Hat der Klient ein vertrauensvolles Verhältnis zu dem Hund aufgebaut, kann dies möglicherweise auf den Pädagogen übertragen werden, z.B. schon dadurch, dass dieser primär der Hundebesitzer ist und erst sekundär ein Pädagoge oder eine Betreuungsperson. Durch die analoge Kommunikation mit dem Hund kann der Betroffene lernen, seine Authentizität zu verbessern und seine digitale und analoge Kommunikation aufeinander abzustimmen, wodurch auch der Umgang mit anderen Menschen erleichtert wird.

Das Erlernen und Verstehen analoger Kommunikation kann durch Spiegelneurone erklärt werden. Das Oxytocin-System wiederum wird v.a. durch körperlichen Kontakt aktiviert und hat die oben beschriebenen physischen Effekte zur Folge. Der Klient wird im Umgang mit dem Hund weniger gestresst sein und kann sich wohler fühlen. Dies ist ein wichtiger Bestandteil eines pädagogischen Settings.

Folglich zeigt sich die hundegestützte Pädagogik durchaus als Alternative zu üblichen Interventionsmaßnahmen bei Verhaltens- und Erlebensstörungen. Ob diese besser oder schlechter ist, bedarf noch einiger Forschung, v.a. im pädagogischen Bereich. Aber die hier vorgestellten Theorien zur Untermauerung der Wirksamkeit der hundegestützten Pädagogik zeigen bereits auf, dass sie eine nicht zu ignorierende Interventionsmaßnahme ist, die v.a. da greifen kann, wo andere Maßnahmen bereits versagt haben. Es gibt hinreichende Beispiele, die dies bestätigen (vgl. Greiffenhagen/Buck-Werner 2009, S. 187-208).

Abschließend lässt sich sagen, dass hundegestützte Pädagogik geeignete methodische Möglichkeiten bietet, um dem oben beschriebenen Klientel eine Hilfestellung zu geben. Einschränkungen sind in Bezug auf den Hund dann zu machen, wenn dieser sich sichtlich unwohl fühlt oder von seinem Wesen her nicht geeignet ist, mit Kindern und Jugendlichen zu interagieren. Auf Seiten des Kindes oder des Jugendlichen ist auf Allergien und Ängstlichkeit vor Hunden Rücksicht zu nehmen.

6. Abkürzungsverzeichnis

bspw. = beispielsweise

bzw. = beziehungsweise

ders. = derselbe

dies. = dieselbe/n

d.h. = das(s) heißt

ebd. = ebenda

etc. = et cetera

f. = die angegebene und die folgende Seite

ff. = die angegebene und die folgenden Seiten

Hervorh. im Orig. = Hervorhebung/en im Original

Hrsg. = Herausgeber/innen

o.g. = oben genannt

S. = Seite

u.a. = unter anderem

usw. = und so weiter

v.a. = vor allem

vgl. = vergleiche

z.B. = zum Beispiel

7. Literaturverzeichnis

Monografien und Sammelwerke

Adler, A.: Menschenkenntnis. 6. Aufl. Zürich: Rascher, 1954.

Adler, A.: Individualpsychologie in der Schule: Vorlesungen für Lehrer und Erzieher. Frankfurt a.m.: Fischer-Taschenbuch-Verl., 1973.

Adler, A.: Die Technik der Individualpsychologie. 2.Teil: Die Seele des schwererziehbaren Schulkindes. Frankfurt a.m.: Fischer-Taschenbuch-Verl., 1974.

Adler, A.: Kindererziehung. Dt. Erstausg. Frankfurt a.m.: Fischer-Taschenbuch-Verl., 1976.

Bach, H.: Verhaltensstörungen und ihr Umfeld. In: Goetze, H./Neukäter, H. (Hrsg.): Pädagogik bei Verhaltensstörungen. Berlin: Ed. Marhold im Wiss.-Verl. Spiess, 1989, S. 3-35.

Bauer, J.: Warum ich fühle, was du fühlst. Intuitive Kommunikation und das Geheimnis der Spiegelneurone. 11. Aufl. Hamburg: Hoffmann und Campe, 2006.

Bauer, M.: Verhaltensmodifikation durch Modelllernen. Theoretische Ansätze und Therapiemethoden. Stuttgart: Kohlhammer, 1979.

Becker, H. S.: Außenseiter. Zur Soziologie abweichenden Verhaltens. 2. Aufl. Wiesbaden: Springer Fachmedien Wiesbaden, 2014.

Bergler, R.: Warum Kinder Tiere brauchen. Informationen, Ratschläge, Tips. 2. Aufl. Freiburg: Herder, 1994.

Böhm, W.: Wörterbuch der Pädagogik. 16., vollst. überarb. Aufl. Stuttgart: Kröner, 2005.

Bowlby, J.: Bindung: Historische Wurzeln, theoretische Konzepte und klinische Relevanz. In: Spangler, G./Zimmermann, P. (Hrsg.): Die Bindungstheorie. Grundlagen, Forschung und Anwendung. 5., durchges. Aufl. Stuttgart: Klett-Cotta, 2009, S. 17-26.

Brockmann, R.: Anthropomorphisierung und Du-Evidenz in der Mensch-Tier-Begegnung. In: Hanneder, S. (Hrsg.): Mensch und Pferd – Neue Aspekte einer alten Beziehung. wissenschaftliche Vortragsreihe des Fördervereins Mensch und Tier e.V. in Kooperation mit dem "Pferdeprojekt" der Freien Universität Berlin. Berlin: Förderverein Mensch und Tier e.V. & Freie Universität Berlin, 2002, S. 129-146.

Buchner-Fuhs, J: Tiere und Klassendistinktion: zur Begegnung mit Pferden, Karrenhunden und Läusen. In: Buchner-Fuhs, J./Rose, L. (Hrsg.): Tierische Sozialarbeit. Ein Lesebuch für die Profession zum Leben und Arbeiten mit Tieren. Wiesbaden: VS Verlag für Sozialwissenschaften, 2012, S. 309-323.

Bühler, K.: Die geistige Entwicklung des Kindes. 5. Aufl. Jena: G. Fischer, 1929.

Chandler, C. K.: Animal assisted therapy in counseling. New York: Routledge Chapman & Hall, 2005.

Collis, G. M./McNicholas, J.: A Theoretical Basis for Health Benefits of Pet Ownership. Attachement Versus Psychological Support. In: Wilson, C. C./Turner, D. C.: Companion animals in human health. Thousand Oaks: Sage Publ., 1998, S. 105-122.

Durkheim, E.: Über die Anomie. In: Mills, Ch. W. (Hrsg.): Klassik der Soziologie. Eine polemische Auslese. Frankfurt a.M.: S. Fischer, 1960, S. 394-436.

Eibl-Eibesfeldt, I.: Der Mensch, das riskierte Wesen. Zur Naturgeschichte menschlicher Unvernunft. München: Piper, 1988.

Eibl-Eibesfeldt, I.: Die Biologie des menschlichen Verhaltens: Grundriß der Humanethologie. 5. Aufl., genehmigte Sonderausg. Vierkirchen-Pasenbach: BuchVertrieb Blank, 2004.

Ettrich, Ch./Ettrich, K. U.: Verhaltensauffällige Kinder und Jugendliche. Heidelberg: Springer Medizin Verl., 2006.

Fremmer-Bombik, E.: Innere Arbeitsmodelle von Bindung. In: Spangler, G./Zimmermann, P. (Hrsg.): Die Bindungstheorie. Grundlagen, Forschung und Anwendung. 5. durchges. Aufl. Stuttgart: Klett-Cotta, 2009, S. 109-119.

Freud, A.: Psychoanalyse für Pädagogen: eine Einführung. 5. Aufl. Bern: Huber, 1971.

Freud, A.: Das Ich und die Abwehrmechanismen. 6. - 8. Tsd. Muenchen: Kindler, 1984.

Freud, S.: Zur Psychopathologie des Alltagslebens : über Vergessen, Versprechen, Vergreifen, Aberglaube und Irrtum. Ungek. Ausg., 278. - 297. Tsd. Frankfurt a.M.: Fischer-Taschenbuch-Verl., 1973.

Fröhlich-Gildhoff, K.: Verhaltensauffälligkeiten bei Kindern und Jugendlichen. Ursachen, Erscheinungsformen und Antworten. 1. Aufl. Stuttgart: Kohlhammer, 2007.

Fromm, Erich: Anatomie der menschlichen Destruktivität. Stuttgart: Dt. Verl.-Anst., 1974.

Geiger, Th.: Das Tier als geselliges Subjekt. In: Thurnwald, R. (Hrsg.): Forschungen zur Völkerpsychologie und Soziologie. Band 10, 1. Halbband: Arbeiten zur biologischen Grundlegung der Soziologie. Leipzig: Hirschfeld, 1931, S. 283-307.

Germann-Tillmann, Th./Merklin, L./Stamm Näf, A.: Tiergestützte Intervention. Der multiprofessionelle Ansatz. Bern: Verl. Hans Huber, 2014.

Göppel, R.: Aufwachsen heute. Veränderungen der Kindheit – Probleme des Jugendalters. Stuttgart: Kohlhammer, 2007.

Goffman, E.: Stigma. Über Techniken der Bewältigung beschädigter Identität. Frankfurt a.M.: Suhrkamp, 1975.

Greiffenhagen, S./Buck-Werner, O. N.: Tiere als Therapie. Neue Wege in Erziehung und Heilung. 2. Aufl. Nerdlen : Kynos-Verl., 2009.

Guttmann, G./Predovic, M./Zemanek, M.: Einfluß der Heimtierhaltung auf die nonverbale Kommunikation und die soziale Kompetenz bei Kindern. In: Institut für interdisziplinäre Erforschung der Mensch-Tier-Beziehung (Hrsg.): Die Mensch-Tier-Beziehung. Wien: Einzelstudie aus dem Symposium „Die Mensch-Tier-Beziehung" 1983, S. 62-67. (Zu finden unter: URL: http://iemtfiles.endlos.at/619.pdf).

Hillenbrand, C.: Begriffe und Theorien im Förderschwerpunkt soziale und emotionale Entwicklung – Versuch einer Standortbestimmung. In: Gasteiger-Klicpera, B./Julius, H./Klicpera, C. (Hrsg.): Sonderpädagogik der sozialen und emotionalen Entwicklung. Göttingen: Hogrefe, 2008, S. 5-24.

Julius, H. et al.: Bindung zu Tieren. Psychologische und neurobiologische Grundlagen tiergestützter Interventionen. Göttingen: Hogrefe, 2014.

Kellert, S. R./Wilson, E. O.: The biophilia hypothesis. Washington, DC: Island Press, 1993.

Keupp, H.: Abweichendes Verhalten. In: Seitz, W. (Hrsg.): Kriminal- und Rechtspsychologie. Ein Handbuch in Schlüsselbegriffen. München: Urban & Schwarzenberg, 1983, S. 4-11.

Kotrschal, K.: Die evolutionäre Theorie der Mensch-Tier-Beziehung. In: Otterstedt, C./ Rosenberger, M. (Hrsg.): Gefährten – Konkurrenten – Verwandte. Die Mensch-Tier-Beziehung im wissenschaftlichen Diskurs. Göttingen: Vandenhoek & Ruprecht, 2009, S. 55-77.

Krowatschek, Dieter: Kinder brauchen Tiere. Wie Tiere die kindliche Entwicklung fördern. Düsseldorf: Patmos Verl., 2007.

Kuhn, I.: Hunde als therapeutische Weggefährten. Gespräche mit Experten über Therapiebegleithunde im therapeutischen Kontext in Theorie und Praxis. Frankfurt a. M.: Lang, 2012.

Kupffer, H./Ziethen, U. (Hrsg.): Erziehung verhaltensgestörter Kinder und Jugendlicher. 2., völlig neu bearb. Aufl. Heidelberg: Quelle & Meyer, 1992.

Lohmann, H.-M. (Hrsg.): Sigmund Freud. Abriss der Psychoanalyse. Stuttgart: Reclam, 2010.

Lorenz, K.: Die angeborenen Formen möglicher Erfahrung. Unveränd. Neudr. Berlin: Parey, 1961.

Martikke, H.-J.: Die Rehabilitation der Verhaltensgestörten. 1. Aufl. München: Reinhardt, 1978.

Maturana, H. R./Varela, F. J.: Der Baum der Erkenntnis. Die biologischen Wurzeln des menschlichen Erkennens. 1. Aufl. Bern: Scherz, 1987.

Mazur, J. E.: Lernen und Verhalten. 6., aktualisierte Aufl. München: Pearson Studium, 2006.

McCulloch, M. J.: Animal-Facilitated Therapy. Overview and Future Direction. In: Katcher, A. H./Beck, A. M. (Hrsg.): New perspectives on our lives with companion animals. Philadelphia: Univ. of Pennsylvania Press, 1983, S. 410-426.

Merton, R. K.: Sozialstruktur und Anomie. In: Sack, F./König, R. (Hrsg.): Kriminalsoziologie. 3., unveränd. Aufl. Wiesbaden: Akad. Verl.-Ges., 1979, S. 283-313.

Möhrke, C.: Canepädagogik. Hilfe zur Erziehung mit dem und durch den Hund. Konzeptentwicklung, Anwendung, Auswertung. 2., korrigierte und ergänzte Aufl. Berlin: Epubli, 2012.

Myschker, N./Stein, R.: Verhaltensstörungen bei Kindern und Jugendlichen. Erscheinungsformen – Ursachen – Hilfreiche Maßnahmen. 7., überarb. und erw. Aufl. Stuttgart: Kohlhammer, 2014.

Nestmann, F.: Haarige Helfer, gefiederte Gefährten und schuppige Freunde. In: Gruppendynamik und Organisationsberatung, 36. Jg, H. 4/2005, S. 443-469.

Nolting, H.-P./Paulus, P.: Psychologie lernen. Eine Einführung und Anleitung. 10., vollst. überarb. und erw. Aufl. Weinheim: Beltz, 2009.

Oelkers, J: Erziehen und Unterricht. Grundbegriffe der Pädagogik in analytischer Sicht. Darmstadt: Wiss. Buchges., (Abt. Verl.), 1985.

Olbrich, E.: Tiere in der Therapie. Zur Basis einer und ihrer Erklärung. In: Basler, H.-D./Keil, S. (Hrsg.): Lebenszufriedenheit und Lebensqualität im Alter. Grafschaft: Vektor-Verl., 2002.

Olbrich, E.: Kommunikation zwischen Mensch und Tier. In: Olbrich, E./Otterstedt, C. (Hrsg.): Menschen brauchen Tiere. Grundlagen und Praxis der tiergestützten Pädagogik und Therapie. Stuttgart : Kosmos, 2003, S. 84-90.

Olbrich, E.: Bausteine einer Theorie der Mensch-Tier-Beziehung. In: Otterstedt, C./ Rosenberger, M. (Hrsg.): Gefährten – Konkurrenten – Verwandte. Die Mensch-Tier-Beziehung im wissenschaftlichen Diskurs. Göttingen: Vandenhoek&Ruprecht, 2009, S. 111-132.

Opp, G. (Hrsg.): Arbeitsbuch schulische Erziehungshilfe. Bad Heilbrunn/Obb.: Klinkhardt, 2003.

Otterstedt, Carola: Tiere als therapeutische Begleiter. Gesundheit und Lebensfreude durch Tiere – eine praktische Anleitung. Stuttgart: Franckh-Kosmos Verl, 2001.

Otterstedt, Carola: Mensch und Tier im Dialog. Stuttgart: Frankh-Kosmos Verl., 2007.

Reichholf, J. H.: Die Bedeutung der Tiere in der kulturellen Evolution des Menschen. In: Otterstedt, C./Rosenberger, M. (Hrsg.): Gefährten – Konkurrenten – Verwandte. Die Mensch-Tier-Beziehung im wissenschaftlichen Diskurs. Göttingen: Vandenhoek & Ruprecht, 2009, S. 11-25.

Renfordt, H.: Hunde als Helfer in Erziehung und Therapie. In: Hanneder, S. (Hrsg.): Mensch und Pferd – Neue Aspekte einer alten Beziehung. wissenschaftliche Vortragsreihe des Fördervereins Mensch und Tier e.V. in Kooperation mit dem "Pferdeprojekt" der Freien Universität Berlin. Berlin: Förderverein Mensch und Tier e.V. & Freie Universität Berlin, 2002, S. 139-161.

Rizzolatti, G./Sinigaglia, C.: Empathie und Spiegelneurone. Die biologische Basis des Mitgefühls. Orig.-Ausg., 1. Aufl. Frankfurt a.M.: Suhrkamp, 2008.

Rogers, C. R.: Eine Theorie der Psychotherapie, der Persönlichkeit und der zwischenmenschlichen Beziehungen. 1. Aufl. München: Reinhardt, 2009.

Rogers, C. R.: Entwicklung der Persönlichkeit. Psychotherapie aus der Sicht eines Therapeuten. 18. Aufl. Stuttgart: Klett-Cotta, 2012.

Rogers, C. R.: Der neue Mensch. 10. Aufl. Stuttgart: Klett-Cotta, 2015.

Scheffler, I.: Die Sprache der Erziehung. Düsseldorf: Pädag. Verl. Schwann, 1971.

Schlee, J.: Zur Problematik der Terminologie in der Pädagogik bei Verhaltensstörungen. In: Goetze, H./Neukäter, H. (Hrsg.): Pädagogik bei Verhaltensstörungen. Berlin: Ed. Marhold im Wiss.-Verl. Spiess, 1989, S. 36-49.

Seitz, W./Stein, R.: Verhaltensstörungen. In: Rost, D. (Hrsg.): Handwörterbuch Pädagogische Psychologie. 4., überarb. und erw. Aufl. Weinheim: Beltz, 2010, S. 919-926.

Serpell, J.: Das Tier und wir. Eine Beziehungsstudie. Rüschlikon-Zürich: Müller, 1990.

Smale, G. G.: Die sich selbst erfüllende Prophezeiung. Positive oder negative Erwartungshaltungen und ihre Auswirkungen auf die pädagogische und therapeutische Beziehung. Freiburg i.Br. : Lambertus-Verl., 1980.

Stein, R.: Grundwissen Verhaltensstörungen. 2., überarb. Aufl. Baltmannsweiler: Schneider Verl. Hohengehren, 2011.

Teutsch, G. M.: Soziologie und Ethik der Lebewesen. Bern: Lang, 1975.

Theunissen, G.: Pädagogik bei geistiger Behinderung und Verhaltensauffälligkeiten. Ein Kompendium für die Praxis. 4. neu bearb. und stark erw. Aufl. Bad Heilbrunn: Klinkhardt, 2005.

Trumler, E.: Mit dem Hund auf du. Zum Verständnis seines Wesens und Verhaltens. 6. Aufl. München: Piper, 1975.

Vernooij, M. A.: Anthropologische Grundfragen. In: Goetze, H./Neukäter, H. (Hrsg.): Pädagogik bei Verhaltensstörungen. Berlin: Ed. Marhold im Wiss.-Verl. Spiess, 1989, S. 50-70.

Vernooij, M. A.: Erziehung und Bildung beeinträchtigter Kinder und Jugendlicher. Paderborn [u.a.]: Schöningh, 2005.

Vernooij, M. A./Schneider, S.: Handbuch der tiergestützten Intervention : Grundlagen, Konzepte, Praxisfelder. 2., korr. und erg. Aufl. Wiebelsheim: Quelle & Meyer, 2010.

Watzlawick, P./Beavin, J. H./Jackson, D. D.: Menschliche Kommunikation. Formen, Störungen, Paradoxien. 12., unveränd. Aufl. Bern: Huber, 2011.

Wesenberg, S.: Tiergestützte Interventionen in der Demenzbetreuung. Wiesbaden: Springer Fachmedien Wiesbaden, 2014.

Wiesenhütter, E.: Erscheinungsweisen und Ursachen der Verhaltensstörungen. In: Lückert, H.-R. (Hrsg.): Handbuch der Erziehungsberatung. München: Reinhardt, 1964, S. 138-169.

Wills, J./Robinson, I.: Bond for Life. Emotions shared by people and their pets. London: Mitchell Beazley Verl., 2000.

Wilson, E. O.: Biophilia. Cambridge, Mass.: Harvard Univ. Press, 1984.

Winnicott, D. W.: Vom Spiel zur Kreativität. Stuttgart: Klett, 1973.

Zaboura, N.: Das empathische Gehirn. Spiegelneurone als Grundlage menschlicher Kommunikation. Wiesbaden: VS Verlag für Sozialwissenschaften/GWV Fachverlage GmbH, 2009.

Zeitschriftenaufsätze

Ascione, F. R.: Children Who Are Cruel to Animals: A Review of Research and Implications for Developmental Psychopathology. In: Anthrozoös: A Multidisciplinary Journal of The Interactions of People and Animals; Journal of the International Society for Anthrozoology, 6. Jg., H. 4/ 1993, S. 226-247.

Beetz, A. et al.: The Effect of a Real Dog, Toy Dog and Friendly Person on Insecurely Attached Children During a Stressful Task: An Exploratory Study. In: Anthrozoös: A Multidisciplinary Journal of

The Interactions of People and Animals; Journal of the International Society for Anthrozoology, 24. Jg., H. 4/2011, S. 349-368.

Brickel, C. M.: Pet-facilitated psychotherapy: A theoretical explanation via attention shifts. In: Psychological Reports, 50. Jg., H. 1/1982, S. 71-74.

Endenburg, N.: The Attachement of People to Companion Animals. In: Anthrozoös: A Multidisciplinary Journal of The Interactions of People and Animals; Journal of the International Society for Anthrozoology, 8. Jg., H. 2/ 1995, S. 83-89.

Handlin et al.: Short-Term Interaction between Dogs and Their Owners: Effects on Oxytocin, Cortisol, Insulin and Heart Rate - An Exploratory Study. In: Anthrozoös: A Multidisciplinary Journal of The Interactions of People and Animals; Journal of the International Society for Anthrozoology, 24. Jg., H. 3/2011, S. 301-315.

Hückstedt, B.: Experimentelle Untersuchungen zum „Kindchenschema". In: Zeitschrift für experimentelle und angewandte Psychologie, 12. Jg., H. 3/1965, S. 421-450.

Ihle, W./Esser, G.: Epidemiologie psychischer Störungen im Kindes- und Jugendalter: Prävalenz, Verlauf, Komorbidität und Geschlechtsunterschiede. In: Psychologische Rundschau, 53. Jg., H. 4/2002, S. 159-169.

Julius, H./Beetz, A./Kotrschal, K.: Psychologische und physiologische Effekte einer tiergestützten Intervention bei unsicher und desorganisiert gebundenen Kindern. In: Empirische Sonderpädagogik, 5. Jg., H. 2/2013, S. 160-166.

Krüger, A. M. (1934): Über das Verhältnis des Kindes zum Tiere. In: Zeitschrift für Angewandte Psychologie, Jg. 47, H. 1/1934, S. 9-64.

Kruger, K. A./Serpell, J. A.: Animal-assisted interventions in mental health: definitions and theoretical foundations. In: Fine, A. H. (Hrsg.): Handbook on Animal-Assisted Therapy. Theoretical Foundations and Guidelines for Practice. 3. Aufl. Amsterdam: Elsevier, 2010, S. 33-48.

Miller, S. C. et al.: An Examination of Changes in Oxytocin Levels in Men and Women Before and After Interaction with a Bonded Dog. In: Anthrozoös: A Multidisciplinary Journal of The Interactions of People and Animals; Journal of the International Society for Anthrozoology, 22. Jg., H. 1/2009, S. 31-42.

Nagasawa et al.: Dog's gaze at its owner increases owner's urinary oxytocin during social interaction. In: Hormones and Behavior, 55. Jg., H. 3/2009, S. 434-441.

Odendaal, J. S. J.: Animal-assisted therapy – magic or medicine? In: Journal of Psychosomatic Research, 49. Jg., H. 4/2000, S. 275-280.

Odendaal, J. S. J./Meintjes, R. A.: Neurophysiological Correlates of Affiliative Behaviour between Humans and Dogs. In: The Veterinary Journal, 165. Jg., H. 3/2003, S. 296-301.

Russell, W. M. S.: On misunderstanding animals. In: Universities Federation for Animal Welfare Courier, 12. Jg., H. 1/1956, S. 19-35.

Triebenbacher, S. L.: Pets as transitional objects: Their role in children's emotional development. In: Psychological Reports, 82. Jg., H. 1/1998, S. 191-200.

Internetquellen

Beetz, A. M. (2006): Das Konzept der Spiegelneurone als Grundlage von Empathie. [online] URL: http://www.mensch-heimtier.de/start/veranstaltungen/2-dach-symposium-2006.html [Stand: 03.08.2016].

Duden (2016): bio [online] URL: http://www.duden.de/rechtschreibung/bio_ [Stand: 03.08.2016].

Duden (2016): -philie [online] URL: http://www.duden.de/rechtschreibung/_philie [Stand: 03.08.2016].

IAHAIO (2014): White Paper. [online] URL: http://www.aat-isaat.org/component/jdownloads/send/3-isaat/299-iahaio-white-paper-2014 [Stand: 29.07.2016].

BEI GRIN MACHT SICH IHR WISSEN BEZAHLT

- Wir veröffentlichen Ihre Hausarbeit, Bachelor- und Masterarbeit

- Ihr eigenes eBook und Buch - weltweit in allen wichtigen Shops

- Verdienen Sie an jedem Verkauf

Jetzt bei www.GRIN.com hochladen und kostenlos publizieren

Lightning Source UK Ltd.
Milton Keynes UK
UKHW010649290921
391374UK00002B/261